Guía Completa del Chihuahua

David Anderson

www.lpmedia.org

Datos de Publicación

David Anderson

Guía Completa del Chihuahua ---- Primera edición.

Resumen: "Crianza exitosa de un perro Chihuahua desde cachorro hasta la vejez" --- Proporcionado por el editor.

ISBN: 979-8-89818-017-1

[1. Chihuahuas --- No Ficción] I. Título.

Diseño por Sorin Rădulescu

Primera edición en español, 2025

ÍNDICE

CAPÍTULO 18.

INTRODUCCIÓN

Uno de los perros más pequeños del mundo, el Chihuahua es una raza fascinante. Cada ejemplar debe ser considerado como un individuo único, ya que su comportamiento es increíblemente singular. Esta raza presenta una de las gamas más amplias de tipos de personalidad, formados en gran medida según cómo se críen y cuánto se socialicen durante sus primeras etapas de vida. También muestran una variedad en su apariencia mayor que la mayoría de las razas, existiendo tanto la versión típica de pelo corto como la variante de pelo largo.

Son fácilmente una de las razas caninas más polarizadoras debido a su pequeña estatura y personalidad. Más pequeños que muchos gatos domésticos, el Chihuahua no encaja en la imagen tradicional de un perro. Sin embargo, esto es lo que los hace tan fáciles de incorporar a la familia. Son increíblemente leales a sus dueños y tienden a ser muy cautelosos con los extraños.

No obstante, no todos los Chihuahuas son agresivos, y pueden terminar temblando en un entorno desconocido. Son compañeros muy fáciles de llevar cuando tú estás en casa simplemente descansando. Algunos de ellos son también notablemente inteligentes, una característica por la que la raza no es comúnmente reconocida.

Con raíces firmemente plantadas en México, no es sorprendente que este perro sea el símbolo nacional del país. Muchas empresas han utilizado Chihuahuas como "perros portavoces" para sus negocios, siendo el restaurante Taco Bell uno de los más famosos. Evidentemente, la historia de la raza es rica y colorida, y es una de las razas caninas más antiguas de las Américas.

Tienden a ser una de las razas más difíciles de adiestrar si comienzas cuando el perro es mayor, por lo que podrías enfrentarte a un momento difícil si no eres consistente o si empiezas cuando el cachorro es casi adulto. La consistencia es increíblemente importante con los Chihuahuas. Por otro lado, son una de las razas más fáciles de garantizar que reciban ejercicio adecuado. Con esas patitas moviéndose rápidamente para mantenerse al ritmo de tus piernas, no necesitas dedicar mucho tiempo a pasearlos. También son una de las pocas razas que los expertos recomiendan mantener en interiores casi todo el tiempo. Si adiestras y socializas a tu Chihuahua desde el principio, tendrás un excelente pequeño compañero durante hasta 20 años.

CAPÍTULO 1.
Compañeros Intrépidos y Traviesos – Características Definitorias

Al mirar a una Chihuahua, probablemente pensarías que no hay mucho que ver. Eso es ciertamente verdad – un Chihuahua sano y robusto alcanza un peso máximo de 2,7 kilogramos. Pero ese pequeño cuerpo puede albergar una personalidad extraordinaria.

Pocas razas tienen una gama tan diversa de temperamentos y apariencias como el Chihuahua. Vienen en una gran variedad de colores y patrones, e incluyen versiones tanto de pelo corto como de pelo largo. Lo único que permanece constante es que son tan pequeñas que puedes llevarlos en un bolso grande – y muchas celebridades lo han hecho.

Foto cortesía de Barbara Pendergrass Rafina Chihuahuas

Descripciones y Características Definitorias

Sin duda, el aspecto más notable del Chihuahua es su tamaño. Sus caras son bastante uniformes, a pesar de la amplia variedad en color y longitud del pelaje. Con patitas delgadas y ojos enormes y expresivos, definitivamente no hay forma de confundir al Chihuahua con ninguna otra raza.

Apariencia

Al observar a un Chihuahua, podrías pensar que la cabeza constituye aproximadamente un tercio o la mitad de los 2,5 o 2,7 kilogramos del perro. La cabeza se describe comúnmente como redondeada, similar a una manzana. Esos grandes ojos parecen ocupar la mayor parte de la cara, y definitivamente sentirás que a tu Chihuahua no se le escapa nada. Lo único más grande que los ojos son las orejas que tradicionalmente se mantienen erguidas como antenas de radar, dando al perro una apariencia que sugiere estar en constante estado de alerta. Algunos Chihuahuas tienen orejas que caen, pero la mayoría tiene las orejas rectas más comunes que se mantienen en atención ante el más mínimo ruido en el hogar.

Sus pequeños cuerpos se parecen mucho al de un Bóxer o un Gran Danés reducido a tamaño de juguete. Pueden ser increíblemente musculosos, especialmente porque cualquier ejercicio requiere mucho más esfuerzo de su parte para recorrer la misma distancia que tú. Su caminar a paso rápido deja en vergüenza a los caminantes deportivos. El andar rápido y sin esfuerzo que realizan sin pensar, puede darte una gran apreciación de cuánto se han adaptado para convertirse en compañeros humanos.

La mayoría de las personas imaginan la raza de pelo corto cuando se menciona al Chihuahua, pero también existe una versión de pelo largo. Sus cuerpos son en gran parte iguales, pero el pelaje adicional hace que la versión de pelo largo parezca bastante más elegante. El caminar rápido hace que su pelo se balancee y se mueva de una manera que recuerda al movimiento del cabello de una persona en un descapotable. El pelaje también es bastante más suave.

Chihuahua de pelo corto

Su pequeña estatura tiene la desventaja de hacerlos más frágiles que la mayoría de las otras razas de perros. Nunca se debe permitir que los niños jueguen bruscamente con un Chihuahua, ya que el perro podría lastimarse fácilmente. Son mucho más un perro de regazo o un bromista que un compañero de juegos para niños pequeños.

Temperamento

El Chihuahua a menudo parece ignorar su pequeña estatura y puede actuar con la confianza de un perro mucho más grande. Los individuos intrépidos de la raza son increíblemente vocales – y constituyen fácilmente la mayoría. Esta es una raza ideal para apartamentos, pero tendrás mucho trabajo por delante en los primeros días tratando de enseñar a tu Chihuahua a no ladrar por todo. Esto significa que serán excelentes alarmas, y será difícil que alguien esté cerca de tu hogar sin que tu perro te lo haga saber.

Las Chihuahuas tienden a ser tímidos o agresivos. Son propensos al síndrome del perro pequeño si no se les entrena cuando son jóvenes. No es mucho mejor si tu Chihuahua va en la dirección opuesta y termina teniendo miedo de todo.

Las Chihuahuas de pelo largo tienden a tener una disposición más amigable, lo que los hace más propensas a estar relajados en casa. Esto no significa que no ladrarán con frecuencia o que no necesiten socialización.

Casi todos las Chihuahuas se vuelven increíblemente leales a su familia – aman a las personas y animales de su círculo inmediato. La raza tiende a ser cautelosa con los extraños, ya sea ladrando o temblando durante las presentaciones a alguien nuevo.

Son decididamente perros de interior, quizás la raza más casera de todo el reino canino. La mayoría de los criadores recomendarán mantener paños absor-

Chihuahua de pelo largo

bentes o cajas de arena en el hogar, al igual que lo harías con un gato. A diferencia de otras razas, nunca puedes enviar a tu Chihuahua a hacer sus necesidades y luego dejar que el pequeño regrese al interior, porque son presas fáciles para depredadores, incluidos halcones y águilas. Esto ha hecho que la raza esté mucho mejor adaptada a permanecer en el interior durante 23,5 horas de 24. Incluso cuando tu perro salga, tendrás que usar la correa para proteger al pequeño. Esto también explica por qué son tan protectores con sus dueños – simplemente están devolviendo el favor por su protección hacia ellos. No es que típicamente se den cuenta de lo pequeños que son.

Tu Chihuahua probablemente caminará por la calle observando a todos y a todo, analizándolos para determinar qué tan amenazantes son. Los ladridos muy probablemente entrarán en juego incluso cuando ustedes dos no estén en casa, aunque puedes entrenarlos para que sean menos vocales en los paseos si llevas algunos pequeños premios consigo. Siempre es entretenido ver a un Chihuahua ladrando ferozmente a un Pastor Alemán o un Mastín. Diferencias de tamaño aparte, los perros más grandes típicamente miran al pequeño con confusión, o retroceden, sin estar exactamente seguros de cómo reaccionar ante el animal pequeño. Este tipo de encuentros solo envalentonará a tu Chihuahua, por lo que querrás entrenar a tu pequeño cachorro para que esté más tranquilo en los paseos en lugar de aterrorizar a otros perros.

Un Rostro y Estatura Distintivos

Como se mencionó, la forma de la cabeza de un Chihuahua es increíblemente única. Parece más la inspiración de una cabeza alienígena que la de un perro. Las grandes orejas ayudan al perro a escuchar muchos sonidos (aunque no son tan sensibles como las razas de trabajo como el Corgi), y reaccionarán. Puede ser entreteni-

Foto cortesía de Joanna Elliker

do simplemente sentarse y observar a tu Chihuahua tratando de captar todos los sonidos, con sus grandes orejas moviéndose y girando al más mínimo ruido. Típicamente será seguido por una serie de ladridos y carreras, a menos que los entrenes para no hacer eso.

Probablemente la característica más notable son los ojos. Son grandes y expresivos, dando al Chihuahua una mirada de tristeza o aler-

Foto cortesía de
Susan Lamb

ta que es muy difícil de ignorar. También saben cómo usar eso a su favor. Cuando tú estés comiendo, esos ojos te estarán suplicando que compartas, y tendrás que resistirse.

El Chihuahua es la raza de perro más pequeña del mundo, y esa es prácticamente la mejor manera de resumirlo. Son increíblemente pequeñas. Esto significa que vas a necesitar adoptar un enfoque completamente diferente para su cuidado que el que tendrías con casi cualquier otra raza. Son más frágiles que la mayoría de las razas, y algunos Chihuahuas también son increíblemente inteligentes. Tienes que encontrar el equilibrio adecuado para cuidarlos sin malcriarlos, una hazaña que no es tan fácil como podrías imaginar.

Amplia Gama de Personalidades Potenciales

Además de sus diversos colores de pelaje, las Chihuahuas tienen una variada gama de personalidades. Pueden ser increíblemente feroces, ladrando constantemente a los perros que encuentran en los paseos. O pueden ser tímidas y nerviosos, algo que necesitas trabajar activamente para remediar tanto como sea posible. No es saludable para ellos estar constantemente asustados y temblando. También pueden ser extremadamente amigables y vivaces, actuando como el alma de la fiesta en lugar de pequeños terrores o cobardes.

Gran parte de su personalidad dependerá de cómo los entrenes y socialices. Otros aspectos de su naturaleza estarán directamente conectados con los temperamentos de sus padres. Por eso es esencial pasar mucho tiempo hablando con un criador si planeas obtener un cachorro. Querrás saber cómo eran los padres para tener una mejor idea del tipo de temperamento que tendrá tu cachorro. Si rescatas un Chihuahua, estate preparado para que el pequeño tarde un tiempo en acostumbrarse a ti antes de que realmente puedas ver su personalidad. Son cautelosos por naturaleza, y lo serán aún más cuando se introduzcan en un nuevo entorno.

CAPÍTULO 2.
Historia y Características de la Raza

El Chihuahua puede ser pequeño, pero posee una de las historias más largas de cualquier raza canina. También es un perro nativo de las Américas, siendo América Central o del Sur su lugar de origen más probable. Con una historia que se remonta a mucho antes de la historia documentada en los continentes, existe mucho misterio detrás de su herencia. Sin embargo, es seguro que han existido durante mucho más tiempo que muchas de las razas populares actuales. Este es uno de los muchos aspectos que contribuye a su encanto.

Teorías sobre los Orígenes del Chihuahua

La historia de cualquier raza canina que se remonta a más de 1.000 años atrás estará envuelta en misterio y leyenda. E4l Chihuahua no es diferente. De hecho, puede ser incluso menos comprendido ya que la historia de la raza no ha sido bien documentada. Esto ha llevado a mucha especulación, particularmente porque su popularidad nunca parece disminuir. Con solo algunas otras razas notables que tienen historias tan extensas (como el Corgi y los Galgos), aprender sobre el Chihuahua puede darte mucho más en qué pensar y para investigar si estás interesado. Este capítulo te ofrece solo una pequeña muestra de la extensa historia y especulación detrás de esta diminuta raza de perro.

La Teoría del Techichi

Una de las teorías más probables sobre el Chihuahua es que son descendientes lejanos del Techichi. Este era un perro de estructura pequeña que acompañaba a las civilizaciones mesoamericanas. Probablemente eran los compañeros de viaje de las tribus nativas americanas en la región ahora conocida como América Central y la parte sur de América del Norte. El Techichi era un poco más grande – se cree que pesaban entre 4,5 y 9 kilogramos. Con el

Foto cortesía de Rayne Music

tiempo, pueden haber evolucionado para ser más pequeños, perdiendo sus pelajes largos en el clima cálido. A diferencia del Chihuahua, conocida por ladrar constantemente, se cree que el Techichi era mudo. El Chihuahua de pelo largo parece ser más similar, aunque aproximadamente la mitad del tamaño del Techichi, y el pelaje es similar a lo que los historiadores creen que era el pelaje del Techichi.

Descendientes Europeos

Algunos piensan que el Chihuahua puede haberse originado en Europa, en el pequeño país de Malta. Ubicado justo al sur de Italia, Malta tiene una raza canina única de estatura bastante pequeña llamada perro de bolsillo maltés. La inusual brecha craneal subdesarrollada del perro de bolsillo maltés es compartida con el Chihuahua, algo que no es común en los perros (aunque los humanos nacen con una fontanela similar). Las personas que creen en esta teoría señalan un fresco pintado durante el Renacimiento que incluía un perro muy similar alChihuahua. La pintura de Sandro Botticelli fue completada 10 años antes del primer viaje de Colón a través del océano, por lo que, según esta teoría el perro definitivamente no habría sido influenciado por ninguna raza de las Américas, como el Techichi.

Foto cortesía de
Barbara Pendergrass
Rafina Chihuahuas

Civilizaciones Tempranas

Cualquiera que sea su ascendencia temprana, el Chihuahua, o el Techichi, ha existido durante mucho tiempo. La raza ciertamente ha aparecido en el arte y las ruinas de muchas civilizaciones mesoamericanas antiguas.

Los Mayas y Toltecas

Existe evidencia de que el Techichi formaba parte de las civilizaciones maya o tolteca. Se cree que una de estas dos civilizaciones fue la primera en domesticarlos. Sin embargo, es difícil determinar exactamente cuándo el Techichi comenzó a vivir junto a los humanos porque la civilización maya terminó alrededor del año 900 d.C., cuando la civilización tolteca estaba en las primeras etapas de desarrollo. Los mayas creían que los perros desempeñaban un papel en el más allá, razón por la cual los perros se incluían en las ceremonias funerarias. Se cree que los Techichi eran sacrificados y momificados cuando sus dueños morían, para que el perro pudiera unirse a sus humanos en el más allá. Esto ciertamente parece mostrar una falta de consideración por la vida del perro según nuestro pensamiento actual, pero los perros desempeñaban un papel importante en la vida de las personas durante este período anterior. El más allá no estaría completo sin sus leales compañeros.

Los perros también se incluían en la cerámica y el arte, con algunas piezas que representan perros que se cree que datan de hace tanto como 300 a.C. Algunos de los perros en las obras de arte se parecían mucho al Chihuahua. Una de las obras más interesantes data de hace aproximadamente 1.200 años en las ruinas mayas y representa a una mujer sosteniendo a un niño en un brazo y a un perro en el otro. El perro se parece mucho a una versión más grande del Chihuahua moderno.

Los Aztecas y la Llegada de los Europeos

La civilización tolteca estaba en declive cuando los aztecas comenzaron su ascenso al poder. Para el año 1325 d.C., los aztecas ya habían establecido la capital que los conquistadores españoles visitarían cuando llegaran: Tenochtitlán. Los aztecas tenían un gran respeto por la desmoronada civilización de los toltecas, por lo que copiaron muchas de las ceremonias de la civilización anterior. El sacrificio del Techichi se incluyó con las otras ceremonias que los aztecas adoptaron.

Foto cortesía de Joanna Elliker

Con la llegada de Hernán Cortés, el Techichi pareció prácticamente desaparecer, al igual que los aztecas bajo los ataques de los conquistadores. Es probable que los Techichi que sobrevivieron se cruzaran con otros perros, siendo el Crestado Chino a menudo sugerido (tienen una apariencia similar a la Chihuahua). Esta teoría se basa en la llegada de exploradores chinos a las Américas antes que los españoles, lo cual no es demasiado descabellado. La otra raza posible que podría haberse cruzado con el Techichi para crear la Chihuahua es el Xoloitzcuintli, más comúnmente llamado Xolo. Es otro perro sin pelo que todavía deambula por México. Se cree que el Xolo tiene varios miles de años de antigüedad. También es posible que el Chihuahua sea el resultado del cruce con varios otros tipos de perros actualmente desconocidos. Se está realizando investigación de ADN y ha comenzado a producir algunos resultados interesantes para ayudar a comprender cómo surgió esta raza.

Una Historia Mexicana Única

Chihuahua, México, es un estado al norte que limita con Texas y Nuevo México. Irónicamente, Chihuahua es el estado mexicano más grande, y es el lugar donde la diminuta raza con su nombre fue identificada por primera vez durante el siglo XIX. Los comerciantes comenzaron a ganar dinero vendiendo estos pequeños perros únicos a los turistas, quienes luego podían llevárselos fácilmente a casa. Así es como la raza obtuvo su nombre – la raza no fue reconocida antes de este tiempo, por lo que el nombre del lugar fue adoptado por aquellos que explicaban dónde habían adquirido a sus pequeños compañeros.

Personalidad Desbordante

Las Chihuahuas no son fáciles de definir en términos de personalidad porque, para ser una raza tan antigua, vienen con mucha variedad en sus personalidades. A diferencia de razas como los Retrievers y los Galgos, que tienen personalidades bastante predecibles, las Chihuahuas son conocidas por varios tipos diferentes de personalidades. Algunos pueden ser increíblemente agresivos, lo que resulta bastante entretenido cuando intentan enfrentarse a animales y personas mucho más grandes que ellas. Otros parecen tener miedo de su propia sombra. Tiemblan y se estremecen cuando tú estás de mal humor o cuando los llevas a un entorno diferente. Otros actúan como compañeros increíblemente amigables y atentos, solo buscando disfrutar jugando con sus dueños.

Tú puedes ayudar a moldear la personalidad de tu Chihuahua si comienzas con un cachorro. Si obtienes un perro mayor, necesitarás trabajar con una personalidad ya establecida, y tomará algún tiempo antes de que el perro se acostumbre a ti y a la familia. Sin embargo, una vez que el perro se acostumbre a ti, será mucho más fácil disfrutar de cualquier personalidad que ya esté presente. A veces es más agradable aprender sobre tu perro mayor que entrenar a un cachorro desde el principio. Y a menudo requiere menos trabajo.

CAPÍTULO 3.
El Hogar Ideal

"Asegúrate de entender la raza y que el Chihuahua sea el adecuado para ti y tu familia. El hecho de que sean pequeños y adorables no significa que sean los indicados para ti".

Kathy Golden
Kactus Kathy's Chihuahuas

Foto cortesía de
Kayleigh Denyer

Debido a que los Chihuahuas son perros tan pequeños, estos diminutos compañeros son excelentes en cualquier hogar, particularmente en apartamentos, ya que no requieren ningún patio en absoluto. Por supuesto, el adiestramiento es absolutamente esencial para evitar que tu pequeño perro esté aterrorizado o sea perpetuamente ruidoso si vives en un apartamento. Ladran mucho. Siempre que prepares adecuadamente tu hogar, no debería haber problemas significativos para criar y cuidar a tu perro. Pueden ser muy inteligentes, aunque los más listos tienden a ser bastante tercos.

Se adaptan bien al calor, pero no pueden soportar el frío. Los Chihuahuas comenzarán a temblar cuando tienen frío, razón por la cual muchas personas tienen pequeños suéteres o abrigos para sus perros. Mientras mantengas sus áreas bastante cálidas, esto no debería ser un problema.

Foto cortesía de Emma Prince

Mejor Entorno

Los hogares más pequeños tienden a ser mejores para ellos, pero mientras tu Chihuahua pueda estar contigo, realmente no les importa cuán grande sea el hogar. Necesitarás asegurarte de que haya lugares donde tu Chihuahua pueda hacer sus necesidades, ya que no podrás enviarlos afuera por su cuenta debido a los depredadores. Sin embargo, con este tamaño tan pequeño, tener un par de áreas designadas para sus necesidades alrededor del hogar es bastante posible. Cuanto más pequeño sea tu lugar, menos áreas designadas necesitará.

Un Canino Compacto para Cualquier Hogar

El interés principal de un Chihuahua es estar cerca de ti, como una sombra al mediodía. Probablemente te seguirá por toda la casa, así que si tienes un hogar más grande, es posible que ni siquiera necesites salir mucho tiempo para ejercitar a tu pequeño amigo. Incluso si tienes un apartamento, todavía será mucho trabajo para tu perro recorrer todo el lugar.

Con personas famosas fotografiadas llevando a sus Chihuahuas en sus bolsos o bolsas, realmente no existe un espacio demasiado pequeño o demasiado grande para un Chihuahua. Se van a pegar a ti, como una especie de juguete viviente. Esto es lo que los hizo tan populares en los primeros días y por qué han mantenido su popularidad. No se recomienda llevar a ningún perro en ningún tipo de bolsa o carrito, ya que esto malcriará al perro. Deja que tu diminuto canino se desplace por su propia cuenta, cansando al perro y ayudando a establecer una relación saludable que te permita saber dónde está en la jerarquía.

Siempre deberás tener cuidado con tu Chihuahua. No hay peso detrás de esos pequeños cuerpos, por lo que nunca podrás jugar bruscamente con tu Chihuahua. También puede querer proteger tu hogar, especialmente los caninos jóvenes que pueden sobreexcitarse y correr. Enseñarles cómo comportarse será importante, pero ciertamente puede hacer que tu hogar sea mucho más seguro para ellos.

Una Advertencia sobre la Agresión, los Ladridos y el Exceso de Mimos

Uno de los mayores problemas con los Chihuahuas es que son notoriamente ladradoras molestos. Linda Jangula de Chihuahuas Wee Love advierte: "Uno de los comportamientos más indeseados es el ladrido agresivo con el que algunos dueños lidian regularmente. Esto puede ser un problema especialmente cuando alguien toca el timbre".

Pueden ser francamente desagradables cuando llegan extraños y el perro no ha sido entrenado adecuadamente. Mostrar los dientes y morder a las personas no es raro en perros que son excesivamente mimados.

Tú serás responsable de asegurarte de que tu perro se convierta en un gran compañero en lugar de un pequeño dictador en tu hogar. No querrás un perro que se sienta con derechos.

Va a ser muy tentador tratar a tu Chihuahua como a un bebé – no cedas a esa tentación.

Superficies del Suelo

Debido a sus diminutos cuerpos, si un Chihuahua toma velocidad y corre por pisos duros, no habrá forma de que tu perro se detenga antes de chocar contra algo. Si bien esto es definitivamente malo para cualquier perro, las Chihuahuas no son ni de lejos tan resistentes como los perros más grandes o incluso muchos otros perros pequeños.

Proteje a tu Chihuahua haciendo lo que deberías hacer con cualquier perro – cubre los pisos duros. Ya sea que tengas pisos de madera, vinilo, baldosas u otro material, coloca alfombras o esteras especiales en estos pisos para evitar que tu Chihuahua se lastime. También podrías prohibir que tu Chihuahua entre en estas áreas, especialmente el garaje y la cocina. No querrás tropezar con el pequeño en la cocina, así que establecer reglas y mantener a tu cachorro fuera puede ser una medida de protección tanto para ti como para tu perro.

Una Raza Cautelosa que Prefiere a la Familia

Los Chihuahuas no son fanáticos de las personas que no conocen. Típicamente no se sienten cómodos alrededor de extraños, a menos que estén constantemente expuestos a nuevas personas durante el primer año. Si vives en un complejo de apartamentos, querrás convencer a tu Chihuahua de que las personas en el complejo no son una amenaza

Foto cortesía de Sara Storey

para mantener los ladridos al mínimo. Si vives en una casa, encontrarás que serán muy vocales sobre cualquier ruido que escuchen afuera.

Una vez que permitas que alguien entre a tu hogar, tu Chihuahua les dará miradas cautelosas y les hará saber a tus visitantes que, aunque a ti no te importe que estén allí, él sospecha de tu presencia. Esto puede ser particularmente difícil durante renovaciones y fiestas. Para estos momentos, ten un espacio seguro donde tu Chihuahua pueda quedarse para que estén más cómodos y tus invitados no Tengan que estar tan cautelosos. La mejor solución es socializar adecuadamente a tu Chihuahua para que no sea un problema, pero esto no siempre es posible. Incluso un Chihuahua correctamente socializado puede volverse suspicaz con la edad. Planifica cómo manejarás a tu Chihuahua cuando tengas visitas para reducir la tensión.

Estilo de Vida Ideal

Los Chihuahuas son pequeños y adorables, pero no son en absoluto juguetes, y no se adaptan bien a todos los estilos de vida. Los niños pequeños no siempre son una buena combinación porque pueden lastimar accidentalmente al perro. Sin embargo, son excelentes perros para niños mayores, adolescentes y adultos. También se llevan sorprendentemente bien con los gatos, aunque los perros más grandes pueden representar un problema para este perro con complejo napoleónico.

Fortalezas

Las Chihuahuas son excelentes alarmas. Con sus grandes orejas y cautela natural, tendrás tu propio pequeño sistema de alarma instalado cuando tu cachorro se convierta en adulto, o el día que traiga un perro adulto a casa. Son excelentes compañeros de viaje porque su tamaño hace que sean bienvenidos en muchos más lugares que los perros más grandes.

También se les puede enseñar a hacer muchos trucos interesantes si tienes el tiempo y la paciencia para enseñarles. Un Chihuahua correctamente socializado que hace trucos es fácilmente una de las mejores formas de entretener a los invitados y de que tú interactúes con tu pequeño compañero.

Finalmente, son uno de los perros más fáciles de satisfacer en cuanto a requisitos de ejercicio. Si tienes un horario ocupado, tener dos Chihuahuas en casa permitirá un paseo rápido después de terminar con todo lo del día, o como un breve descanso para salir y estirar las piernas un poco.

Beneficios Comunes del Ejercicio

Como se mencionó, esta es una raza cuyas necesidades de ejercicio son increíblemente fáciles de satisfacer. Uno o dos paseos de 15 minutos al día, y eso es prácticamente todo lo que necesitarán. No podrás dejarlos salir solos para hacer sus necesidades, así que eso es una preocupación menos también. Si está lloviendo, simplemente puedes jugar con ellos durante 15 minutos un par de veces, y estarán perfectamente contentos.

Sin embargo, deberás tener mucho cuidado con su alimentación. Es extremadamente fácil sobrealimentar a un Chihuahua, así que asegúrate de que tú y todos en la familia se adhieran a la dieta recomendada y no permitan que esos grandes ojos te engañen haciéndote pensar que necesita más comida.

Cuidado con la Soledad y el Aburrimiento

Las Chihuahuas no son el tipo de perro que disfruta de la soledad. Se recomienda encarecidamente que tengas al menos otro perro, preferiblemente otro Chihuahua, para que tu pequeño cachorro nunca se quede solo. Dependiendo de su personalidad, quedarse solos puede resultarles increíblemente aterrador o provocar ira. Ninguna de estas emociones conduce a un buen comportamiento.

No Son Grandes Aprendices – El Adiestramiento Puede Ser Difícil

Algunos Chihuahuas son muy inteligentes, pero también tienden a ser bastante tercos (un problema común con muchos perros inteligentes). Los que no son tan inteligentes, bueno, también serán difíciles de adiestrar. No hay una opinión consistente sobre el intelecto de un Chihuahua, pero muchos criadores te dirán que si no adoptas un enfoque muy firme y constante desde el principio, tu perro podría ser un poco problemático más adelante.

No importa cuán inteligente sea tu canino, el adiestramiento va a ser algo que ocupará bastante tiempo. Tú necesitarás ser muy paciente o tendrás que contratar a un adiestrador para que te ayude a enseñar a tu perro.

Un Perro Pequeño que Ama a la Familia y a Otros Chihuahuas

Puede que no sean el perro más amigable, pero los Chihuahuas aman absolutamente a sus personas. Quieren prácticamente estar contigo todo el tiempo y serán perfectamente felices acurrucadas a tu lado. Esto los hace excelentes para adultos porque son bastante fáciles de mantener (una vez que están adecuadamente adiestrados). También tienen una esperanza de vida increíblemente larga, lo que significa que cuando están correctamente socializados y adiestrados, pueden quedarse contigo, manteniendo tu regazo caliente y tus manos felizmente ocupadas, hasta por dos décadas.

Foto cortesía de Deborah Butterworth

También aman a otros Chihuahuas. Para asegurarte de que tu pequeño compañero no se sienta solo, realmente no te equivocarás al traer otro Chihuahua a tu hogar. Con un perro tan pequeño, tener varios realmente no es muy diferente a tener un perro mediano o grande cuando se trata de la mayoría de sus gastos. Podrán hacerse compañía mutuamente, aliviando cualquier temor o inquietud que de otro modo pudieran sentir.

CAPÍTULO 4.
Cómo encontrar a tu Chihuahua

El proceso de encontrar a tu Chihuahua es muy emocionante pero requiere tiempo. Deberás decidir si deseas comenzar con un cachorro (y todo el adiestramiento que ello implica) o rescatar un perro que puede tener problemas pero que puede ser adiestrado (típicamente requiere menos tiempo, pero mucha más paciencia). De cualquier manera, el Chihuahua que traigas a casa muy probablemente estará contigo durante mucho tiempo, por lo que puedes adiestrar a tu canino para que sea lo que tú deseas que sea.

También se recomienda encarecidamente que tengas al menos dos Chihuahuas. Esto facilitará dejar a tu pequeño en casa. No tienes que conseguir dos cachorros al mismo tiempo, pero quizás quieras comenzar a pensar en obtener un segundo cachorro si el adiestramiento con el primero va bien.

Foto cortesía de Susan Davies

Adopción a través de un criador

Aunque el Chihuahua es una raza pura, y una muy pequeña, es sorprendentemente saludable. Eso no significa que no existan algunos problemas genéticos de salud asociados con la raza. Hay varias pruebas y certificaciones recomendadas para garantizar que un Chihuahua esté sano. Si los padres no tienen estos problemas genéticos, disminuye significativamente la probabilidad de que los cachorros tengan estos problemas.

Antes de comenzar tu búsqueda, debes saber que buscar un buen criador es solo el comienzo de un proceso largo. Según Barbara Pendergrass de Rafina Chihuahuas: "Prepárate para esperar. Las camadas de Chihuahua son pequeñas, a veces solo uno o dos cachorros". Los buenos criadores no van a apresurar a la madre para la siguiente camada porque eso es muy poco saludable para ella. Hay muchos Chihuahuas disponibles, así que si no deseas esperar por un cachorro, puedes considerar rescatar un Chihuahua adulto. Solo ten en cuenta que es posible que necesites trabajar para resolver algunos problemas que el perro pueda tener.

Una vez que hayas decidido que prefieres esperar y trabajar con un cachorro, puedes comenzar a buscar un gran criador. Eso debería darte suficiente tiempo para prepararte para la llegada de tu pequeño cachorro.

Cómo encontrar un criador

Si decides comenzar con un cachorro, una de las tareas más importantes y que potencialmente consume más tiempo es encontrar un buen criador. Dada la popularidad del Chihuahua, hay una serie de fábricas de cachorros y malos criadores que están interesados en obtener ganancias en lugar de cuidar a los perros y cachorros a su cargo. Tú no querrás adoptar de un criador que no cuide adecuadamente a los perros. No solo es poco ético, sino que aumenta la probabilidad de que tu perro tenga problemas de salud graves y, potencialmente, algunos problemas de comportamiento. Planea dedicar varias horas durante varios días buscando al criador adecuado. Recuerda, vas a tener que esperar incluso si decides sobre un criador en un día, así que bien puede tomarte tu tiempo y encontrar un criador en quien sientas que puede confiar.

Reserva entre 30 minutos y una hora para hablar con los criadores que estás considerando. Las siguientes son algunas preguntas importantes que te ayudarán a determinar qué tan bueno es el criador y dónde está su enfoque. Si no están dispuestos a tomarse el tiempo para hablar contigo, táchalos de la lista. Si dicen que están ocupados y ofrecen otro momento para hablar, asegúrate de reservar tiempo para lla-

*Foto cortesía de
Emma Prince*

marlos cuando tengan tiempo. Después de todo, están cuidando perros, y eso es una tarea que consume tiempo.

Las siguientes son algunas preguntas para hacer.

Pregunta a cada criador sobre las pruebas de salud requeridas y las certificaciones que tienen para sus cachorros. Estos puntos se detallan más en la siguiente sección, así que asegúrate de verificar las pruebas y certificaciones disponibles para cada criador. Si no tienen todas las pruebas y certificaciones, es posible que desees eliminarlos de la consideración. Los buenos criadores no solo cubren todos estos puntos, sino que ofrecen una garantía contra los problemas genéticos más dañinos.

Asegúrate de que el criador siempre se ocupe de todos los requisitos iniciales de salud en las primeras semanas hasta los primeros meses, particularmente obteniendo las vacunas necesarias. Los cachorros requieren que ciertos procedimientos se inicien antes de que dejen a su madre para garantizar que estén sanos. Las vacunas y la desparasitación generalmente comienzan alrededor de las seis semanas después del nacimiento de los cachorros, y luego los procedimientos deben continuarse cada tres semanas. Para cuando tu cachorro tenga la edad suficiente para irse a casa contigo, el cachorro debería estar bien avanzado en los procedimientos, o incluso completamente a través de las primeras fases de estas importantes necesidades de atención médica.

Pregunta si se requiere que el cachorro sea esterilizado o castrado antes de alcanzar cierta edad de madurez. Es posible que debas firmar un contrato que indique que realizarás el procedimiento, lo que deberás planificar antes de obtener a tu cachorro. Típicamente, estos procedimientos se realizan en el mejor interés del cachorro.

Averigüa si el criador forma parte de una organización o grupo de Chihuahuas. En España, las más notables son la Asociación Española del Chihuahua y el Club para el Fomento de la Raza Chihuahua en España, ambas reconocidas por la Real Sociedad Canina de España (RSCE).

Pregunta sobre las primeras fases de la vida de tu cachorro, como la forma en que el criador planea cuidar al cachorro durante esos primeros meses. Deberían poder proporcionar muchos detalles, y deberían hacerlo sin parecer irritados porque tú quieres saber. También te informarán cuánto adiestramiento puedes esperar que se realice antes de la llegada del cachorro a tu hogar para que puedas planificar tomar el relevo tan pronto como llegue el cachorro. Es posible que el criador típicamente comience el entrenamiento para ir al baño (en cuyo caso, tienes mucha suerte si puedes entrar en la lista de espera con ellos). También querrás averiguar si pueden proporcionar información sobre cómo se han estado desempeñando los cachorros y qué tan rápido han captado el adiestramiento. Tú quieres poder continuar desde donde el criador lo dejó una vez que tu cachorro Chihuahua llegue a tu hogar.

Ve qué tipo de consejos da el criador sobre la crianza del cachorro. Deberían estar más que felices de ayudarte a guiarlo para hacer lo mejor para tu perro porque querrán que el cachorro viva una vida feliz y saludable incluso después de dejar el hogar del criador. Tú quieres un criador cariñoso que esté más interesado en la salud de los cachorros que en el dinero que ganan. Sí, podrías terminar pagando una cantidad considerable de dinero por tu pequeño, pero también deberías obtener recomendaciones, consejos y sugerencias de cuidado adicionales después de que el cachorro llegue a tu hogar. Los criadores que muestran mucho interés en el bienestar del perro y están dispuestos a responder preguntas durante toda la vida del perro probablemente críen cachorros que son saludables.

¿Cuántas razas manejan al año? ¿Cuántos conjuntos de padres tienen los criadores? ¿Tienen un horario regular de alimentación al que los cachorros estarán acostumbrados cuando dejen su primer hogar? Los cachorros pueden tomar mucho tiempo y atención, y la madre debe tener algún tiempo de descanso entre embarazos. Conoce las operaciones estándar del criador para averiguar si están cuidando a los padres y tratándolos como miembros valiosos de la familia y no estrictamente como una forma de ganar dinero.

Pruebas de salud y certificaciones

Los Chihuahuas son una raza sorprendentemente saludable cuando se trata de su genética. Definitivamente deberás tener mucho cuidado con ellos porque son frágiles, pero eso está más relacionado con su tamaño que con la genética. Sin embargo, eso no significa que estén completamente libres de problemas.

Para empezar, necesitas saber qué tipos de problemas de salud tienden a tener los Chihuahuas. Las siguientes son las pruebas de salud recomendadas para garantizar que tu cachorro tenga el mejor comienzo posible:

- Examen cardíaco
- Evaluación oftalmológica
- Evaluación de luxación de rótula

También tienen dientes notoriamente malos, lo que podrá oler bastante temprano. No se requieren pruebas para esto, pero debes preguntar sobre los dientes de los padres y ver qué tipo de régimen tienen los

Foto cortesía de
Joanna Elliker

criadores para cuidar los dientes de los perros. Esto puede ayudarte a cuidar mejor los dientes de tu cachorro.

Contratos y garantías

Las razas establecidas como el Chihuahua tienen suficientes datos sobre ellos para que los criadores se sientan cómodos garantizando la salud de sus cachorros. Aún más importante, podrían (o quizás deberían) tener alguna garantía de tu parte de que cuidarás bien a tu cachorro, lo que significa firmar un contrato con el criador. Los contratos y garantías son protección para los cachorros, tanto para demostrar que están sanos como para protegerte a ti en caso de que un cachorro no esté sano.

Si un criador tiene un contrato que debe firmarse, asegúrate de leerlo completamente y estar dispuesto a cumplir con todos los requisitos antes de firmarlo. Los contratos tienden a ser bastante fáciles de entender y cumplir, pero debes conocer todos los hechos antes de aceptar cualquier cosa. Más allá de poner el dinero para el cachorro, firmar el contrato dice que tú estás comprometido en cómo planeas cuidar al cachorro lo mejor que puedas cumpliendo con los requisitos mínimos establecidos por el criador. Dado que el contrato se centra en tu comportamiento hacia el cuidado de tu perro, es una buena señal que el criador quiera verificar que tú estás comprometido en serio con cuidar a tu cachorro. Es probable que el contrato incluya la esterilización o castración del cachorro una vez que madure. También puede decir que el criador retendrá los documentos de registro del cachorro, aunque tú puedes obtener una copia de ellos.

La garantía establece qué condiciones de salud garantiza el criador para sus cachorros. Esto típicamente incluye detalles de la salud del perro y recomendaciones sobre los próximos pasos del cuidado del cachorro una vez que deja el hogar del criador. Las garantías también pueden proporcionar horarios para asegurar que la atención médica iniciada por el criador sea continuada por el nuevo padre del cachorro. En el caso de que se encuentre una preocupación de salud importante más tarde, el cachorro deberá ser devuelto al criador. El contrato también explicará lo que no está garantizado. La garantía tiende a ser muy larga (a veces más larga que el contrato), y debes leerla completamente antes de firmarla. Las garantías son bastante comunes con los Chihuahuas debido a la antigüedad de la raza. Las garantías establecen lo que el criador está garantizando con tu nuevo perro. Esto generalmente incluye información sobre la salud del perro y recomendaciones sobre cuáles deberían ser los próximos pasos del dueño de la mascota. Por ejemplo, puede recomendar que lleves a tu cachorro al veterinario dentro de los dos días posteriores a su llegada a tu hogar para asegurarte de que el perro esté tan sano como se cree. En el caso de que se encuentre una preocupación de salud importante, el cachorro deberá ser devuelto al criador. También explicará lo que no está garantizado.

Además del precio por la compra de tu perro, los contratos de Chihuahua aseguran cierto comportamiento por parte del nuevo padre humano de un cachorro Chihuahua. El contrato también puede contener requisitos de nombres, detalles de salud y una estipulación para lo que sucederá si ya no puedes cuidar al canino (el perro generalmente regresa al criador). También incluyen información sobre lo que sucederá si tú eres negligente o abusivo.

Genética del cachorro – Los padres

Con la genética jugando un papel bastante grande en la personalidad y la salud de tu cachorro, necesitas saber tanto como puedas sobre los padres antes de que llegue el cachorro. Los buenos criadores mantienen historias detalladas de sus perros reproductores porque entienden lo importante que es registrar estos datos. Los criadores que forman parte de una organización oficial de Chihuahuas están obligados a mantener información detallada, por lo que sabes que estos criadores se toman en serio el buen cuidado de sus perros. Revisa las historias de los padres para averiguar qué esperar de tu cachorro, especialmente en términos de personalidad. Presta mucha atención a los rasgos, temperamento, habilidades, apego y cualquier otro rasgo de personalidad que consideres importante.

Por supuesto, este podría ser un proceso que consume tiempo increíblemente, pero te ayudará a conocer la personalidad de tu cachorro. Vale la pena todo el tiempo que dediques a estudiar y planificar porque puede ayudar a moldear a tu Chihuahua para que sea un pequeño compañero increíble para tú y tu familia.

Cuanto más sepas sobre los padres, mejor preparado estarás para tu cachorro. Los grandes criadores tendrán historias y detalles sobre los padres para que puedas leer sobre ellos a tu gusto, así como tener una buena impresión del criador.

Selección de tu cachorro

Tú quieres tener una imagen visual de tu cachorro antes de traer a tu nuevo miembro de la familia a casa. Ve si el criador proporcionará videos y fotos para que puedas ver a tu cachorro después de que nazca y a medida que crece durante las primeras semanas después del nacimiento. También querrás obtener cualquier dato sobre las visitas al veterinario y las vacunas de tu perro.

Foto cortesía de
Elisha Jade Swanson

Seleccionar un cachorro Chihuahua es prácticamente lo mismo que seleccionar cualquier tipo de cachorro. Gran parte de ello depende completamente de ti y de lo que deseas en un perro. La experiencia puede ser muy entretenida y agradable, y en última instancia muy difícil. Por muy divertido que sea el proceso, debes ser cuidadoso y serio para no dejarte influir por rasgos que más tarde pueden resultarte molestos.

Mientras observas a los cachorros, nota qué tan bien juega cada cachorro con los demás. Este es un gran indicador de qué tan bien reaccionará tu cachorro ante cualquier mascota que ya tengas en casa.

También necesitas mirar a los cachorros como un todo. Si notas que la mayoría de los cachorros exhiben un comportamiento agresivo o parecen tender a ser desconfiados, es posible que no desees seleccionar un cachorro de la camada. De manera similar, si los cachorros parecen estar aterrorizados de ti, manteniendo sus colas metidas o alejándose de ti, eso es una indicación de los tipos de problemas que puedes encontrar con tu cachorro y su adiestramiento. Lo que deseas es una camada que esté llena de cachorros amigables, incluso si no comienzan a saludarte inmediatamente. A veces solo quieren jugar con sus hermanos o averiguar qué está sucediendo antes de reconocerte.

A continuación, observa si hay al menos un cachorro que está muy ansioso por conocerte. Muchas personas toman eso como una señal de que el cachorro es el adecuado para su familia. Sin embargo, ese no es siempre el caso. Ten en cuenta que el cachorro o los cachorros que te saludan son más atrevidos y exigentes que los que se sientan y analizan la situación primero. Los cachorros que se quedan atrás pueden tener miedo o, más probablemente, solo quieren entender la situación antes de involucrarse. No son los tipos alfa que son sus hermanos ansiosos. Estos son los cachorros más pacientes y dóciles, los que pueden ser más fáciles de adiestrar.

Elige el cachorro que exhiba los rasgos de personalidad que deseas en tu perro. Si deseas un perro atrevido, amigable y excitable, el primer cachorro en saludarte puede ser el que buscas. Si deseas un perro que piense las cosas y deje que otros reciban más atención, entonces este es un perro más tranquilo que puede ser mejor para tu hogar.

Preste atención a las personalidades de los padres

Con cualquier raza que tenga una amplia gama de personalidades potenciales, necesitas ver a los padres para tener una idea de cómo son sus personalidades. Este será un gran indicador de cómo será tu cachorro. No todos los cachorros terminan siendo como sus padres (al igual que con las personas), pero a menudo exhiben personalidades similares. Si tienes una personalidad particular que te gustaría que tuviera tu cachorro, busca padres que tengan esos rasgos de personalidad.

Siempre debes conocer a los padres de los cachorros, y un buen criador siempre estará dispuesto a permitirte tener acceso a los perros. Están interesados en asegurar que los cachorros vayan a buenos hogares, y mostrar interés en los padres demuestra que estás pensando en el futuro del cachorro.

Linda Jangula de Chihuahuas Wee Love lo expresa bien: "No debería haber ningún problema con un criador legítimo para mostrar uno o ambos padres en las instalaciones. Haz preguntas como cualquier comportamiento notable del que debas estar al tanto".

Ten en cuenta que algunos Chihuahuas pueden haber tenido una mala historia con humanos o pueden no haber sido adecuadamente adiestradas. Si el criador adoptó un perro con una historia menos que feliz, la personalidad puede no reflejar la personalidad que tu cachorro tendrá con experiencias positivas. Si los perros no han sido bien adiestrados, esto también es algo que puedes remediar, pero necesitarás tomar más tiempo para averiguar cómo se manejarán los cachorros después del nacimiento. Es posible que estés comenzando un poco más atrás que con un criador que se toma el tiempo para comenzar a entrenar a los cachorros para ir al baño. Esto no significa que habrá un problema con un cachorro ya que obtendrás al pequeño lo suficientemente temprano para adiestrarlo, solo es un poco de trabajo extra para ti. Afortunadamente, con su tamaño, esto no es un gran problema.

Adopción de un perro mayor

Un Chihuahua adulto puede o no ser un punto de partida mucho más fácil para ti, dependiendo de cuánto adiestramiento haya recibido el perro y qué tipo de experiencias de vida haya tenido. Los Chihuahuas también tienden a estar menos bien adiestradas para ir al baño porque las personas tienen el muy mal hábito de mimarlos en lugar de adiestrarlas adecuadamente. Sin embargo, esto no significa que todos los perros adultos sean propensos a ir al baño por toda tu casa. Al igual que con el adiestramiento de un cachorro, dependerá de ti adiestrar a tu Chihuahua sobre las expectativas que tienes.

Definitivamente habrá un período de adaptación también, por lo que querrás tener una idea bastante buena de cómo reacciona el perro mayor a nuevas situaciones antes de traer al canino a casa. Esto te ayudará a prepararse para lo que necesitas hacer, como investigar cómo corregir comportamientos no deseados o ayudar a que tu nuevo perro se sienta cómodo en su hogar.

Puedes buscar Chihuahuas de rescate en refugios, sitios de rescate e incluso de criadores. Si el criador encuentra que una persona ha incumplido el contrato, recuperará la Chihuahua. El criador puede entonces optar por vender el cachorro o perro joven nuevamente después de algún tiempo. En algunos casos, las personas pueden no ser capaces de continuar cuidando a tu Chihuahua y pueden devolver el canino al criador. Los criadores sabrán cómo trabajar con perros devueltos, por lo que puede que no haya tanto trabajo que hacer con un perro de un criador (dependiendo de cómo fue la vida lejos del criador).

Beneficios de adopter un adulto

Aunque existe una mayor probabilidad de que el perro no esté adecuadamente adiestrado para ir al baño, no vas a comenzar desde cero como lo harías con un cachorro. Sin embargo, seguirás necesitando la misma cantidad de paciencia, particularmente si rescatas a un perro que ha tenido malas experiencias con personas.

Dado que los Chihuahuas tardan tiempo en adaptarse a sus personas, puedes esperar que tome una semana o dos antes de que tu Chihuahua comience a sentirse cómodo en el nuevo entorno. Siempre y cuando apliques consistentemente las reglas y seas firme pero paciente con tu nuevo pequeño amigo, no tendrás que esperar tanto tiempo para comenzar a sentir que tienes un gran compañero. Los cachorros son saltarines y llenos de energía, pero los Chihuahuas adultos a menudo son más tranquilos y más fáciles de manejar. Es posible que prefieras comenzar a disfrutar del tiempo con tu perro descansando en el sofá en lugar de tener que dedicar un par de años al adiestramiento en lo básico. Una vez que tu perro entiende lo que tú quieres, es mucho más fácil divertirse juntos.

Los Chihuahuas adultos son ideales para adultos mayores con adolescentes o sin niños. También pueden ser un gran perro para enseñar responsabilidad a niños mayores, siempre y cuando los niños entiendan no tirar del Chihuahua cuando está con la correa. Los Chihuahuas mayores pueden ser grandes compañeros para personas que no pueden salir mucho o que tienen que quedarse en casa por cualquier razón. Están contentos de quedarse contigo y hacer poco o nada en absoluto, y satisfacer sus necesidades de ejercicio es increíblemente fácil.

Rescates

Dada la popularidad del Chihuahua, hay muchas organizaciones de rescate para la raza, además de sus propios criadores. Las Chihuahuas que obtienes a través de organizaciones y criadores tienen la mayor parte de la información necesaria que se requiere para vender cachorros, lo que significa que tendrás el historial médico y la información de vacunación del perro (aunque si el padre humano fue negligente o abusivo, el historial médico y la información pueden no haber sido rastreados mientras el perro estaba con ellos).

Cuando contactes a una organización sobre la adopción de un Chihuahua adulto, te pedirán que solicites la adopción simplemente porque quieren asegurarse de que el perro obtenga un gran hogar, un lugar donde el perro podrá vivir el resto de sus días. También tratarán de emparejarte con un perro adulto que sea ideal para el entorno que ofreces y el estilo de vida que llevas.

Advertencia sobre la socialización

La socialización es esencial para los Chihuahuas. Son increíblemente cautelosas con los extraños, y esto puede resultar en un comportamiento muy agresivo o muy ansioso. La socialización desde una edad temprana ayudará a que tu perro se sienta mucho más cómodo en el mundo y hará que el perro sea más agradable cuando otros estén cerca.

Los perros pequeños son propensos a desarrollar el síndrome del perro pequeño cuando no están socializados y adiestrados adecuadamente. Pueden actuar como pequeños dictadores, siendo agresivos y desagradables con cualquiera con quien no estén familiarizados (y a veces incluso con sus propias personas). Esto los hace generalmente desagradables para estar cerca. Si no están adecuadamente socializados a una edad temprana, pueden volverse muy agresivos o muy asustados de cualquier persona nueva. A menos que nunca tengas personas de visita, esto puede hacer que sea muy desagradable para todos.

La agresión puede ir mucho más allá de simplemente ladrar. Un Chihuahua que no está adecuadamente socializado puede terminar mordisqueando, abalanzándose sobre las personas y gruñendo. No querrás que muestren sus dientes y muerdan a las personas, por lo que es esencial enseñarles que los extraños y otros perros no son tan aterradores o peligrosos como él piensa que son. Ladrar no siempre es un problema, pero los otros comportamientos son definitivamente hábitos que deseas evitar o romper. Al hacer citas de juego para tu cachorro Chihuahua, podrás comenzar a ayudarles a aprender a estar felices y emocionados por conocer a otros perros y personas en lugar de sentir la necesidad de intimidarlos. En su mayoría, esta intimidación refleja la propia ansiedad y miedo de tu Chihuahua porque el canino no está acostumbrado a estar cerca de personas o perros nuevos.

También es posible que un Chihuahua sea agresivo cuando tú regreses a casa después de estar ausente. Podrían sentirse abandonados o infelices por tu desaparición. Este es un comportamiento que también deberás desalentar, y es parte de la razón por la que los adultos siempre deben estar cerca durante esas primeras semanas después de que su perro llegue a su hogar.

CAPÍTULO 5.
Preparándote para tu Cachorro

Una de las mejores cosas de tener un tiempo de espera más largo para la llegada de tu cachorro de Chihuahua es que tendrás mucho tiempo para preparar tu hogar para recibir a tu nuevo miembro de la familia. Los meses de espera deben aprovecharse bien preparando tu casa. Aunque siempre es una tarea difícil hacer que un hogar sea seguro para un cachorro (tan difícil como prepararlo para un bebé), es una tarea aún más laboriosa prepararse para un perro tan pequeño como un cachorro de Chihuahua. También te dará la oportunidad de ver tu hogar desde la perspectiva de tu cachorro.

Dos preparaciones clave son tus hijos y otras mascotas. Ellos necesitarán cierta advertencia o adaptación antes de la llegada de tu pequeño amigo. Los niños deben aprender a ser cuidadosos, mientras que otras

Foto cortesía de Ramona Kleespies

mascotas necesitarán acostumbrarse a los cambios en tu hogar.

Preparando a tus Hijos

Los cachorros de Chihuahua tienen aproximadamente el mismo tamaño que un juguete infantil, por lo que es comprensible que tus hijos intenten tratar a la nueva mascota como un juguete. Es por esto que tú tendrás que establecer reglas claras y recordarles a tus hijos cómo jugar adecuadamente con el lindo cachorro.

Los Chihuahuas no son recomendables para familias con niños pequeños, particularmente para hogares con niños en edad preescolar o demasiado jóvenes para entender lo fácil que es lastimar a un cachorro.

Preparar a tu hijo mayor o adolescente es bastante fácil porque tienden a ser mucho más conscientes de cómo cuidar adecuadamente a una criatura viva. Independientemente de la edad de tus hijos, asegúrate de que siempre haya un adulto presente cuando jueguen con el Chihuahua. Tomará tiempo aprender a ser cuidadosos y divertirse. Jugar con el cachorro será emocionante, y será fácil incluso para los adolescentes olvidar su propia fuerza.

Las siguientes son las cinco reglas de oro que debes asegurarte de que tus hijos comprendan completamente antes de que llegue el cachorro.

1. Siempre sé gentil. Esos pequeños Chihuahuas son absolutamente adorables, pero también son bastante frágiles, a pesar de su apariencia resistente. En ningún momento se debe jugar bruscamente con el cachorro (o con cualquier Chihuahua adulto).

   Esta regla debe aplicarse de manera consistente cada vez que tus hijos jueguen con el cachorro. Sé firme si ves que tus hijos se emocionan demasiado o se vuelven bruscos. Tampoco querrás que el cachorro se emocione demasiado, porque los cachorros pueden terminar mordisqueando o mordiendo. No es su culpa porque aún no han aprendido a comportarse mejor – es culpa del niño. Asegúrate de que tu hijo entienda las posibles repercusiones si se pone demasiado brusco.

2. El juego de persecución es para exteriores. Puede ser fácil para los niños olvidarlo cuando comienzan a jugar y todos se emocionan. Ese breve juego de escapar puede convertirse rápidamente en una persecución, por lo que deberás asegurarte de que tus hijos entiendan que no deben comenzar a correr. Una vez que estén afuera, la persecución está perfectamente bien (aunque aún deberás supervisar el tiempo de juego).

*Foto cortesía de
Karen Moore*

3. Correr dentro de la casa es peligroso por dos razones principales. Le da a tu cachorro de Chihuahua la impresión de que tu hogar no es seguro porque lo están persiguiendo, o peor aún, se lastima. O podría aprender que correr dentro está bien, lo que puede ser peligroso a medida que crece. Una de las últimas cosas que deseas es que tu Chihuahua corra por tu casa derribando a las personas porque ese comportamiento estaba bien para él cuando era un cachorro.

4. Siempre deja al cachorro solo durante la hora de comer. Esto es cierto siempre que tu cachorro esté comiendo (esto también puede aplicarse cuando tus hijos están comiendo, ya que no querrás que tu Chihuahua se acostumbre a comer comida de personas mientras tus hijos comen). No querrás que tu Chihuahua piense que alguien está tratando de quitarle la comida. Aunque los Chihuahuas pueden mostrar valentía y determinación en otras situaciones, du-

rante la comida es mejor evitar que se sientan amenazados o inseguros. Pueden sentirse nerviosos al comer si sienten que alguien puede quitarles su comida, lo que obviamente no es justo para tu Chihuahua. Y los Chihuahuas mayores podrían ser un poco más protectivos con su comida, lo que podría llevar a algunos conflictos. Ahórrate problemas a ti, a tu familia y a tu Chihuahua asegurándote de que todos sepan que la hora de comer es el momento en que tu Chihuahua debe estar solo.

5. El Chihuahua siempre debe permanecer firmemente en el suelo. Esto es algo que probablemente requerirá una buena explicación a tus hijos, ya que los Chihuahuas se parecen mucho a juguetes, especialmente los cachorros de Chihuahua. Nadie debe levantar al cachorro del suelo. Es posible que desees cargar a tu nuevo miembro de la familia o jugar con el cachorro como si fuera un bebé, pero tú y tu familia deberán resistir ese impulso. Los niños en particular tienen problemas para entender, ya que verán al Chihuahua más como un juguete que como una criatura viva. Cuanto más pequeños sean tus hijos, más difícil será para ellos entender la diferencia. Es muy tentador tratar al Chihuahua como un bebé e intentar llevarlo como uno, pero esto es increíblemente incómodo y poco saludable para el canino. Los niños mayores aprenderán rápidamente que un mordisco o mordedura de cachorro duele mucho más de lo que pensarían. Esos pequeños dientes son increíblemente afilados, y no querrás que dejen caer al cachorro. Si tus hijos aprenden a nunca levantar al cachorro, las cosas irán mucho mejor. Recuerda, esto también se aplica a ti, así que no compliques las cosas haciendo algo que constantemente les dices a tus hijos que no hagan.

6. Todos tus objetos de valor deben estar bien fuera del alcance de tus hijos, incluso de tus adolescentes. Esto se trata de que tus hijos, y no el cachorro, no puedan alcanzar los objetos. Los objetos de valor no son algo que tú quieras que termine en la boca del cachorro, pero eso está casi garantizado que suceda si dejas joyas donde alguien pueda tomar fácilmente. Los adolescentes son tan propensos a agarrar lo que está a su alcance para jugar con el cachorro como lo es el propio cachorro, por lo que representan casi la misma amenaza para tus objetos de valor que los preadolescentes y niños mayores que los niños pequeños. Si tus hijos sienten curiosidad, es probable que no se detengan a considerar si deberían estar haciendo algo porque quieren saber qué sucederá si usan algo mientras juegan con el cachorro. El resultado final será un incidente que ciertamente no te hará feliz a ti ni a tus hijos cuando te enojes con ellos. Si no quieres que tu cachorro o tus hijos destruyan algo valioso, asegúrate de que nunca sea fácilmente accesible.

*Foto cortesía de
Katie Plant*

Preparando a tus Perros Actuales

El enfoque para preparar a otros perros es considerablemente diferente al de preparar a un niño para la llegada de un cachorro. Para empezar, ellos no van a entender las reglas. Lo que sí entienden son los límites. Puede que no entiendan que viene un cachorro al hogar, pero definitivamente pueden entender lo que significa cuando tú cercas áreas de la casa. Comienza enseñando a tus hijos, dirigiendo tu atención a preparar a tus perros mientras tus hijos digieren la información (y la refuerzan). Tu método principal para preparar a tu perro o perros para la llegada de un cachorro es tener un área donde sepan que no deben ir y ayudarles a entender que tú todavía los amas. Debes comenzar a ajustar tu horario mucho antes de la llegada del cachorro, creando espacios de tiempo específicos para interactuar con tus perros para que no comiencen a sentir resentimiento hacia el cachorro.

Aquí hay algunas cosas que puedes hacer para ayudar a facilitar la transición a tener un nuevo Chihuahua en el hogar.

Piensa en la personalidad de tu perro para ayudarte a decidir la mejor manera de prepararte para ese primer día, semana y mes. Cada perro es único, por lo que deberás considerar la personalidad de tu perro para determinar cómo irán las cosas cuando llegue el nuevo perro. Si a tu perro le encantan otros perros, esto probablemente se mantendrá cuando aparezca el cachorro. Si tu perro tiene tendencias territoriales, deberás ser cauteloso con la introducción y durante los primeros meses para que tu perro actual aprenda que el Chihuahua ahora es parte de la manada. Los perros excitables necesitarán atención especial para evitar que se vuelvan demasiado impetuosos cuando un nuevo perro llegue a casa. No querrás que estén tan emocionados que accidentalmente lastimen al nuevo cachorro.

Considera otras ocasiones en las que has tenido otros perros en tu hogar y cómo reaccionó tu perro ante estos otros visitantes peludos. Si tu canino mostró tendencias territoriales, deberás tener mucho cuidado con la forma en que presentas a tu nuevo cachorro. Si nunca has invitado a otro perro a tu hogar, programa un par de citas de juego con otros perros en tu casa antes de que llegue tu nuevo Chihuahua. Tienes que saber cómo reaccionarán tus actuales compañeros peludos ante un nuevo cachorro en la casa para poder prepararte adecuadamente. Conocer a un perro en casa es muy diferente de encontrarse con uno fuera del hogar.

Piensa en las interacciones de tu perro con otros perros durante el tiempo que lo has tenido. ¿Ha mostrado un comportamiento protector o posesivo, ya sea contigo o con otros? La comida es una de las razones por las que la mayoría de los perros mostrarán algún tipo de agresión, ya que no quieren que nadie intente comer lo que es suyo. Algunos perros también pueden ser protectores con las personas y los juguetes.

También es importante establecer el área del cachorro mucho antes de su llegada. Tus perros necesitan aprender que hay un lugar en la casa donde no pueden ir, para que no estén perdiendo espacio cuando el cachorro llegue a casa. Si están aclimatados al espacio perdido, pueden mostrar interés en el cachorro, pero no es probable que se sientan inclinados a entrar en el área que ha estado prohibida durante algún tiempo.

Para asegurarte de que tu perro no tenga ninguna razón para querer entrar en el área, asegúrate de que no incluya ninguna de sus cosas. Todos sus juguetes, muebles y otros artículos deben estar en un espacio diferente. Si tiene un asiento o sofá favorito, el área del cachorro debe estar separada de él – no querrás quitarle a tu perro sus lugares favoritos y lugares de descanso, porque eso generará emociones negativas. El cachorro debe ser una adición a la familia, y no hacer que el perro sienta que ha sido reemplazado.

Asegúrate de que tus hijos entiendan que no deben arrojar los juguetes y otras cosas del perro mayor al área del cachorro. También deben entender que el perro no puede entrar en el área, por lo que deben evitar tratar de jugar con el perro en el espacio que será el área de vida del cachorro.

Foto cortesía de
Stephanie Lucas
Lucas Chihuahuas

Comienza a considerar un terreno neutral donde el cachorro pueda conocer a tu otro canino o caninos. Esto no debe hacerse en el territorio de tu perro porque es más probable que sienta que el cachorro está invadiendo su territorio (dependiendo de la personalidad de tu perro). Incluso para perros tranquilos, se recomiendan terrenos neutrales; algún lugar que él no sienta que es su lugar donde otros perros no deberían estar. Planea tener al menos otro adulto presente en el momento del encuentro inicial también.

Alimentos Peligrosos

Los perros no pueden comer los mismos alimentos que los humanos. Así como un perro puede comer carne cruda de manera segura que enfermaría a una persona (o la mataría), hay alimentos que los humanos pueden comer que pueden dañar seriamente a un perro. Los Chihuahuas están particularmente en riesgo debido a su tamaño. No se necesitará mucho de estos alimentos peligrosos para matar a un Chihuahua.

Probablemente sepas que tus perros no deben comer chocolate, pero hay muchos otros alimentos que causarán problemas en el tracto digestivo de un perro y alimentos que son tóxicos para un perro. Estos alimentos nunca deben darse a un perro de cualquier tamaño, pero incluso pequeñas cantidades de cualquiera de estos elementos podrían ser letales para un Chihuahua.

Los siguientes son alimentos que están en la lista de No Comer para perros.

- Semillas de manzana
- Chocolate
- Café
- Huesos cocidos (pueden matar a un perro cuando los huesos se astillan en la boca o el estómago del perro)
- Mazorcas de maíz (es la mazorca lo que es mortal para los perros; el maíz desgranado está bien, pero debes asegurarte de que tu Chihuahua no pueda alcanzar ningún maíz que todavía esté en la mazorca)
- Uvas/pasas
- Nueces de macadamia
- Cebollas y cebollinos
- Melocotones, caquis y ciruelas
- Tabaco (tu Chihuahua no sabrá que no es comida y puede comerlo si se deja fuera)
- Xilitol (un sustituto del azúcar en dulces, productos horneados y algunas mantequillas de maní)
- Levadura

Además de estos alimentos potencialmente mortales, hay una larga lista de otras cosas que tu perro no debería comer por razones de salud. El Canine Journal tiene una extensa lista de alimentos que deben evitarse. Incluye alimentos como alcohol y otras sustancias que las personas dan a los perros, pensando que es gracioso. Recuerda que los perros tienen un metabolismo muy diferente y el efecto que estos alimentos tienen en ellos es mucho más fuerte que el efecto que tienen en las personas.

Por el bien de la salud de tu Chihuahua, es mejor mantener todos estos alimentos fuera de su alcance, incluso si los artículos no son letales.

Peligros a Corregir

Preparar tu hogar para un cachorro consume tanto tiempo como para un bebé. Planea pasar al menos unos meses (si no más) para preparar tu hogar. No sería mala idea comenzar a preparar tu hogar alrededor del momento en que comienzas a buscar un criador porque habrá muchas cosas que hacer para la llegada de un perro tan pequeño. El esfuerzo adicional que pongas en preparar tu hogar valdrá la pena, ya que le dará a tu pequeño Chihuahua un lugar seguro, enseñándole que el mundo grande no es algo que temer.

Esta sección detalla las áreas del hogar donde realmente debes enfocar tu atención para asegurarte de no pasar por alto nada importante que pueda ser peligroso para tu pequeño tesoro.

Además, ten en cuenta que todos los cachorros, incluidos los Chihuahuas, intentarán comer prácticamente cualquier cosa, incluso si no es comida. Nada está a salvo, ni siquiera tus muebles. Los cachorros roerán madera y metal. Cualquier cosa a su alcance es un objetivo válido. Ten esto en cuenta mientras preparas tu hogar para un cachorro.

Cocina y Áreas de Comedor

Fácilmente la habitación más peligrosa de la casa, la cocina es una combinación de alimentos venenosos, artículos peligrosos y venenos. Es la habitación donde probablemente planees pasar la mayor parte de tu tiempo cuando prepares tu hogar para un cachorro. Todo lo que harías para proteger a un niño pequeño en esta habitación es algo que deberás hacer para un Chihuahua. Esto podría incluir asegurarte de que los gabinetes estén cerrados en caso de que tu Chihuahua sea lo suficientemente inteligente como para descubrir cómo abrirlos. Él te seguirá como una pequeña sombra una vez que se le permita salir de su área de cachorro, y estará aprendiendo que las cosas se abren. Algunos de ellos son lo suficientemente inteligentes como para poder entrar en los gabinetes, especialmente los gabinetes donde no quieres que vayan.

Deberás asegurarte de que todos los venenos se coloquen en lugares donde tu Chihuahua no pueda alcanzarlos (ya sea en la cocina, en otras habitaciones de la casa, el garaje y todas las áreas exteriores). Los Chihuahuas pueden meterse en casi todo, y tu pequeño amigo estará explorando mucho cuando se le dé la oportunidad. Cualquier cosa que pueda llamar su atención o despertar su interés vale la pena intentarlo – eso es lo que les han enseñado siglos. Estar atento para asegurarte de que no pueda lastimarse es vital para mantener a tu Chihuahua seguro. En ningún momento debes dejar venenos en un lugar no seguro.

Los botes de basura son igualmente peligrosos porque ahí es donde existen todo tipo de grandes olores para atraer a tu Chihuahua a portarse mal. Habiendo repasado la lista de alimentos que no deberían comer, dejar cualquiera de estos alimentos en la basura es un riesgo serio para un cachorro de Chihuahua. También hay cosas como venenos, plásticos y otros artículos que tu cachorro puede pensar que deberían ser probados. El hecho de que tu Chihuahua sea pequeño no significa que sea imposible que derribe un bote de basura. Toma todas las precauciones necesarias, como conseguir un bote de basura que puedas cerrar o guardarlo debajo de un gabinete que esté cerrado. Esto evitará que tu cachorro se meta en demasiados problemas o cree un desastre que deberás limpiar.

Todos los cables eléctricos deben estar arriba y fuera del alcance de los pequeños cachorros de Chihuahua que podrían tener curiosidad sobre qué son los cables y cómo funcionan. No querrás que el cachorro tropiece o se enrede en un cable ni que intente comerse uno. Luego están cosas como los cables de la licuadora y otros cables que se conectan a artículos más pesados que no querrás que caigan sobre tu cachorro. Los cables no son solo eléctricos; si tienes cordones largos para tus persianas, estos deben acortarse o colocarse donde no caigan al suelo, donde tu Chihuahua pueda alcanzarlos.

Baño y Lavandería

Los peligros en el baño son casi los mismos que los de la cocina, solo que en un espacio más pequeño. Hay tantos venenos en los baños que mantener las puertas cerradas podría ser la mejor opción. Dado que eso realmente no es una opción para muchas familias (particularmente si tienes niños o adolescentes que probablemente se olviden), debes asegurarte de mantener todo lo que pueda atraer la atención y el peligro bajo llave o fuera de alcance.

Manténa la tapa del inodoro cerrada y no uses limpiadores automáticos. Algunos Chihuahuas han sido lo suficientemente inteligentes como para aprender a beber de los inodoros, lo que significa que depende de ti mantener los inodoros inaccesibles para tu curioso cachorro. Si la tapa del inodoro se deja abierta (como es probable que suceda ocasionalmente), asegúrate de que no haya venenos en ella, es decir, tener limpiadores automáticos en el agua.

Aunque al principio no parezca probable, el cuarto de lavado también puede ser una habitación peligrosa. La forma más fácil de lidiar con esto es mantener la puerta cerrada si puedes. Muchas familias guardan una serie de artículos diversos (incluidos venenos) en el cuarto de lavado porque es una especie de lugar para todo. Es posible que solo tengas lejía, detergente para ropa, hojas para secadora y otros limpiadores de ropa, pero incluso esos pueden ser muy peligrosos para un Chihuahua. Esto es particularmente cierto en el caso de artículos como las cápsulas de detergente. También debes mantener toda la ropa sucia fuera del suelo, aunque solo sea para evitar que tu cachorro de Chihuahua arrastre las prendas más vergonzosas por toda tu casa. También existe la posibilidad de que tu Chihuahua intente comer algo de la ropa, lo que no sería bueno para e´l. Tampoco es un buen momento para ti si tienes que hacer un viaje de emergencia al consultorio del veterinario o al hospital de animales.

Otras Habitaciones

La mayoría de las otras habitaciones de la casa deberían ser relativamente seguras, ya que las personas no tienden a guardar productos químicos fuera de los gabinetes.

Deberás hacer una inspección exhaustiva de los cables que estén cerca del suelo o dentro de la distancia de salto del alcance de tu Chihuahua. Todos estos deberán asegurarse bien por encima de donde tu Chihuahua pueda alcanzar. No olvides espacios como el área de la computadora y el centro de entretenimiento donde normalmente hay muchos cables. También deberás verificar los cordones de las ventanas para asegurarte de que estén demasiado altos para que tu cachorro los alcance.

Todos los productos de limpieza deben guardarse en un lugar al que tu cachorro no pueda ir. Si mantienes objetos como ambientadores en superficies, asegúrate de que estas áreas no sean lugares donde tu Chihuahua pueda ir. Dado que a la mayoría de los Chihuahuas se les permite subir a sofás y camas, deberás despejar las mesas auxiliares y las mesitas de noche, así como cualquier cosa que contenga productos químicos y sea accesible desde los muebles.

Si tienes una chimenea, todos los suministros y herramientas de limpieza deberán guardarse en un lugar donde el cachorro no pueda acceder a ellos. El área donde está el fuego también debe hacerse inaccesible para los cachorros curiosos. Esto debe ser cierto todo el tiempo para que tu cachorro no juegue con las cenizas o con el cableado de la chimenea.

Si tienes escaleras en tu hogar, deberán acordonarse para que tu cachorro no intente subirlas o bajarlas. Las mesas (incluidas las mesas auxiliares y las mesas de centro) deben despejarse de objetos peligrosos, como tijeras, equipo de costura, bolígrafos y lápices. Todos los objetos de valor deben mantenerse en lugares seguros lejos de los muebles donde irá tu cachorro.

Si tienes un gato, deberás mantener la caja de arena levantada del suelo. Debe estar en algún lugar al que su gato pueda llegar fácilmente pero tu Chihuahua no. Dado que esto podría incluir enseñar a tu gato a usar la nueva área, es algo que debes hacer mucho antes de la llegada del cachorro. No querrás que tu gato esté experimentando demasiados cambios significativos a la vez. El cachorro será suficiente interrupción; si tu gato asocia el cambio de la caja de arena con el cachorro, puedes encontrar que proteste por el cambio negándose a usar la caja de arena.

Garaje

La mejor manera de lidiar con el garaje es asegurarte de que tu Chihuahua no pueda entrar en él. Hay tantas cosas peligrosas en los garajes que mantener a todos los cachorros fuera es la mejor política. Sin embargo, dado su tamaño, es seguro que el pequeño Chihuahua logrará colarse en el garaje cuando no lo esperes. Con todos los productos químicos, implementos afilados y otras herramientas peligrosas que se almacenan allí, el garaje es uno de los lugares más peligrosos en cualquier hogar. Nunca dejes a tu Chihuahua solo en el garaje, incluso cuando sea adulto. Es probable que tu cachorro esté en el garaje cuando realices viajes en automóvil, por lo que es importante prepararlo para un cachorro.

Todos los artículos relacionados con tu automóvil y su mantenimiento deben guardarse en alto, fuera del suelo, donde tu cachorro no pueda ir, y un área cerrada es la forma más segura de almacenarlos. Esto incluye todos los lubricantes, aceites y limpiadores, así como llaves inglesas y herramientas. Deberás hacer lo mismo con todos tus artículos de mantenimiento del césped, herramientas para bicicletas y cualquier cosa utilizada para maquinaria pesada o que incluya productos químicos.

Los cachorros masticarán cualquier cosa, incluidos neumáticos, latas, herramientas y bolsas. Todo lo que pueda colocarse en alto o guardarse en un gabinete debe estarlo.

También deberás hacer esto con todos tus pasatiempos. Cosas como aparejos de pesca son increíblemente peligrosas y también deben guardarse fuera de su alcance. Deberás asegurarte de que no haya nada colgando sobre las encimeras donde el cachorro pueda intentar bajarlo.

La mejor manera de lidiar con el problema es entrar al garaje desde la perspectiva de un niño pequeño. Cualquier cosa que moverías inmediatamente para un niño pequeño debe moverse para tu cachorro. Agáchate y mira el garaje desde la perspectiva de tu cachorro. Si mantienes tus autos en el garaje, puedes sacarlos para obtener una mejor vista. Mueve cualquier cosa que pueda ser un peligro potencial.

Exteriores y Cercado

Si bien definitivamente debes hacer que el patio trasero sea seguro, nunca debes enviar a tu Chihuahua solo. Siempre deberás permanecer muy cerca de tu perro para protegerlo.

Algunos criadores sugieren agregar otra capa de protección para tu perro. Dado que las aves pueden ser notablemente rápidas, puedes comprar una red para un área de tu patio donde tu Chihuahua realizará actividades como ir al baño. Dado que esta raza tiene el mismo tamaño que un gato (y los cachorros son incluso más pequeños que eso), no debes tener a tu cachorro de Chihuahua afuera sin correa. Si deseas que tu Chihuahua aprenda a usar el baño afuera, ten un área pequeña cercada con una red sobre ella por la que los depredadores no puedan pasar. Todo lo que se necesita es que tú des la espalda por un momento, y un ave de presa puede llevarse a tu Chihuahua. La red dificultará que las aves y otros depredadores (incluidos otros perros, gatos grandes y mapaches) entren al área y se lleven a tu Chihuahua.

Revisa tu patio de la misma manera que lo hiciste con el garaje, asegurándote de que no haya productos químicos o artículos peligrosos que puedan lastimar a tu cachorro. Si tu cachorro logra salir del área segura, los artículos en tu patio son tan peligrosos como cualquier depredador, y son un peligro mucho más constante. Asegúrate de que los productos químicos, herramientas y otros artículos estén guardados donde tu cachorro no pueda acceder a ellos. Cualquier material colgante en mesas exteriores u otros artículos deben ser removido o acortados. Verifica que no haya espacios o problemas con la cerca por los que tu cachorro pueda colarse si sale del área segura. También debes asegurarte de que no haya plantas potencialmente peligrosas que tu cachorro pueda masticar. Hay mucho que hacer afuera, pero típicamente menos de lo que tienes que hacer adentro. Recuerda, siempre debes estar afuera con tu Chihuahua vigilando al cachorro o adulto, incluso en áreas seguras, porque es más que capaz de escapar a través de los agujeros y espacios más pequeños. Un ojo vigilante lo mantendrá seguro, y es mucho más fácil que lidiar con la curiosidad de un gato. El Chihuahua estará feliz de retozar afuera por un rato, pero estará igualmente contento de salir, ir al baño y volver adentro.

Suministros y Herramientas para Comprar y Preparar

Planificar la llegada de tu cachorro implica comprar muchos suministros por adelantado. Necesitarás una amplia gama de artículos. Si comienzas a hacer compras alrededor del momento en que identificas al criador, puedes distribuir tus gastos durante un período de tiempo más largo. Esto hará que parezca mucho menos costoso de lo que realmente es, aunque es mucho más barato que lo que se necesita para la mayoría de las otras razas. Los siguientes son artículos recomendados:

- Corral (opcional)
- Jaula
- Cama
- Correa
- Bolsas para recoger desechos durante los paseos
- Collar
- Placas identificadoras
- Comida para cachorros
- Recipientes para agua y comida (compartir un recipiente de agua generalmente está bien, pero tu cachorro necesita su propio plato de comida si tienes varios perros)
- Cepillo de dientes (muy importante para esta raza, y es posible que desees comprar un par)
- Cepillo
- Juguetes

Para las golosinas de entrenamiento, en realidad lo tienes muy fácil. En lugar de comprar las golosinas más caras, pequeños trozos de pienso seco o galletas para perros son igualmente efectivos y mucho más baratos. Una pequeña pieza es todo lo que se necesita, y es poco probable que tu Chihuahua se canse de comerlos, ya que esta no es una raza particularmente exigente con la comida.

Los artículos de atención médica como los tratamientos para pulgas pueden comprarse, pero son costosos y no los necesitará por un tiempo. Los cachorros no deben ser tratados hasta que alcancen una edad específica.

Planificando el Presupuesto del Primer Año

Los costos de tener un cachorro son mucho más de lo que pensarías, pero aún es menos costoso traer un cachorro que un nuevo bebé. Necesitarás tener un presupuesto, que es otra razón para comenzar a comprar suministros unos meses antes. Cuando compres los artículos que necesitas, comenzarás a ver exactamente cuánto gastarás al mes. Por supuesto, hay algunos artículos que son compras únicas, como la jaula, pero muchos otros artículos deberás comprarlos regularmente, como comida y golosinas.

También necesitas tener un presupuesto para las compras únicas. Esto significa hacer algo de investigación con anticipación para esas compras. Está casi garantizado que vas a gastar de más, pero querrás ceñirte al presupuesto tanto como sea posible.

Comienza a presupuestar el día que decidas tener a tu cachorro. Asegúrate de incluir el costo de adopción, que generalmente es más alto para un perro de raza pura que para un rescate. Si deseas rescatar un Chihuahua, decide dónde deseas encontrar a tu nuevo miembro de la familia. Planea pasar mucho tiempo investigando los costos de traer a tu cachorro o perro adulto a casa, así como los otros costos.

El veterinario y otros costos de atención médica deben incluirse en tu presupuesto. Se requieren vacunas regulares, y un chequeo anual debe incluirse en el presupuesto. Los precios de los veterinarios varían mucho entre diferentes estados, incluso entre ciudades, lo que dificulta promediar el costo. Siempre vale la pena el costo, pero querrás saber cuál será antes de que llegue tu cachorro.

Si deseas unirte a una organización de Chihuahuas, presupuesta para las actividades. Hay muchas cosas que puedes hacer con los Chihuahuas si deseas estar con otros padres de cachorros. Afortunadamente, esto no es necesario porque a los Chihuahuas les encanta descansar en casa y no requieren mucho tiempo fuera del hogar para estar perfectamente contentos.

Mantén las Cosas Fuera de su Alcance

Esto es bastante fácil ya que tu Chihuahua es demasiado pequeño para alcanzar casi cualquier cosa. Ten en cuenta que tu perro todavía puede saltar, por lo que deberás aprender a mantener los artículos que tu canino podría querer masticar en lugares donde tu perro no pueda alcanzarlos, incluso si saltan. Si tienes manteles, tu Chihuahua podría tirar de ellos, por lo que querrás usar paños más cortos para que no pueda alcanzarlos. Esto es más seguro tanto para tu perro como para las cosas que guardas en tus mesas. No olvides que esto es cierto para cualquier mesa. Linda Jangula de Chihuahuas Wee Love advierte sobre los problemas en los que tu Chihuahua podría meterse potencialmente: "Cortinas, manteles, cualquier cosa que cuelgue a su alcance les proporciona mucha diversión, así que ten cuidado con tus habilidades inteligentes y astutas". Tirar estas cosas no solo es desordenado, sino potencialmente peligroso, ya que cualquier objeto pesado o metálico puede herir gravemente o matar a tu cachorro.

El Área del Cachorro

Los Chihuahuas son un poco diferentes a otros perros porque requieren muy poco espacio para estar cómodos. Mientras que la mayoría de los cachorros necesitarán tener un área cercada, los Chihuahuas pueden arreglárselas en un espacio del tamaño de un corral para juegos, o en uno real. Como dice Jeanne Eubanks de Uey's Chihuahuas, "Un corral cercado con todo lo que necesitan dentro del corral es perfecto".

Al conseguir un corral para tu cachorro, estarás minimizando la invasión del espacio para otras mascotas mientras dificultas que el cachorro salga. También puedes cercar una pequeña área para tu cachorro, un área aproximadamente del tamaño de un corral, pero asegúrate de que los niños y los perros entiendan mucho antes de que llegue el cachorro que no pueden derribar la cerca.

También puedes obtener puertas y bloquear una pequeña área para tu cachorro. Asegúrate de que sea lo suficientemente resistente como para soportar que los niños u otros perros lo derriben. Haz una prueba desde ambos lados. El hecho de que los Chihuahuas no sean grandes no significa que no puedan derribar las puertas si se lo proponen. Dado que son pequeños, debes asegurarte de que los espacios sean mucho más pequeños para que no puedan meter la cabeza y quedarse atascados. Una de las últimas cosas que deseas es un cachorro de Chihuahua atascado en la cerca o corriendo con una puerta adherida a él.

Los Chihuahuas estarán justo allí contigo dondequiera que vayas, pero por su tamaño, no pueden alcanzar muchas áreas. Es muy importante mantener muchas cosas fuera de su alcance, especialmente alimentos y artículos que pueden alcanzar desde el sofá o la cama. Pueden derribar cosas, como plantas y decoraciones cuando tú no estás, y eso puede ser muy peligroso. Los Chihuahuas pueden tener problemas de ansiedad, y pueden derribar cosas mientras intentan mirar por las ventanas en un esfuerzo por verte. Deberás pasar tiempo preparando tu hogar para un cachorro para que tu pequeño amigo no se lastime ni mastique cosas de valor o que sean especiales para ti. No podrás hacer nada con las patas de mesas y sillas hasta que tu Chihuahua haya aprendido a no masticar los muebles, así que mantén al pequeño en un área cercada. Esto será más seguro para tu perro y tus muebles.

CAPÍTULO 6.
La Primera Semana

El momento en que tu pequeño Chihuahua cruza esa puerta, todo va a cambiar. Años después de ese día, tú recordarás muchos detalles y toda la emoción. Cada cachorro es un conjunto de posibilidades que requiere un compromiso de por vida de tu parte para ayudarle a alcanzar su máximo potencial. Con una raza tan longeva como el Chihuahua, tú querrás que tenga el mejor comienzo posible para disfrutar de una vida plena, saludable y feliz.

La primera semana es crucial para el desarrollo de tu cachorro, ya que es cuando se establece la dinámica en el hogar y se logra que el cachorro comience a sentirse seguro en un nuevo entorno. Estos son los primeros días para ver a tu Chihuahua alcanzar todo su potencial. Con todas las medidas de seguridad para el cachorro ya implementadas, ahora tienes la desafiante tarea de ayudar a tu pequeño a aprender a jugar, dónde hacer sus necesidades y descubrir que su nuevo hogar es un excelente lugar para vivir.

Preparación y Planificación

Así como has tenido que preparar tu hogar y jardín, todavía tienes algunas tareas finales que realizar antes de que tu nuevo cachorro entre en casa. Deberías comenzar con una verificación final de tu hogar para comprobar tu trabajo. Desde el área del cachorro hasta la comida y los juguetes, deberías tener todo listo y preparado para su nueva llegada. Cualquier cosa que puedas hacer antes de la llegada del Chihuahua te ayudará a disfrutar mejor de su tiempo juntos cuando llegue, para que no tengas que improvisar sobre la marcha – ya tendrás que hacerlo lo suficiente sin dejar demasiadas cosas para después.

Durante la última semana antes de que llegue el cachorro, crea una lista de todo lo que tu cachorro necesitará para el primer día. Lo siguiente debería ayudarte a comenzar:

- Comida
- Cama
- Jaula
- Juguetes

- Platos para agua y comida
- Correa
- Collar
- Premios

Verifica que tienes todo lo de la lista preparado y listo para usar antes de que tu Chihuahua cruce la puerta. No querrás tener que salir corriendo a comprarlos después de que el cachorro esté en casa, en parte porque querrás tener esas cosas disponibles de inmediato, y en parte porque no querrás perder tiempo con el nuevo miembro de tu familia mientras comienzas a establecer una rutina.

Si planeas tener una barrera para mantener al cachorro confinado en un área específica del hogar, ten las puertas instaladas y verifica que no puedan ser derribadas o evadidas. Es probable que tu Chihuahua no pueda derribar las puertas, pero tu cachorro seguramente será lo suficientemente pequeño como para deslizarse a través de la mayoría de los espacios.

Establece un horario para el cuidado del cachorro. Ten en cuenta que que los planes van a cambiar, pero necesitas tener un punto de partida. Esto asegurará que las personas cumplan con sus tareas asignadas y ayudará a que tu cachorro se sienta seguro – los perros prefieren la estructura, por lo que los horarios son una gran fuente de seguridad para ellos. Ajusta el horario cuando sea evidente que se necesitan cambios, pero intenta mantenerlo lo más cercano posible al horario original. Tener un horario establecido antes de que llegue el cachorro será mucho más fácil que si intentas establecer la rutina después de su llegada. El Chihuahua va a tener más que suficiente energía para mantenerte ocupado, lo que dificultará hacer un plan después de su llegada.

El horario debe incluir una pausa para ir al baño después de cada comida. Es muy probable que tu cachorro necesite ir en ese momento, y esto ayudará a establecer cuáles son los lugares correctos para hacer sus necesidades. Dado que deben ser entrenados para ir dentro de casa, definitivamente querrás que comiencen a aprender dónde es un lugar aceptable para ir lo antes posible. Si el adiestrador ya ha comenzado el entrenamiento para hacer sus necesidades, no querrás perder el progreso que tu cachorro ha logrado.

Foto cortesía de
Jackie Beffa

Ten una reunión final con todos los miembros de la familia para asegurarte de que todas las reglas sean recordadas y comprendidas antes de que el cachorro llegue y sea una distracción. Los niños necesitarán instrucciones especiales sobre cómo manejar al cachorro, y tú deberás ser muy estricto para asegurarte de que no sean demasiado bruscos con él. Verifica que tus hijos entiendan que no se les permite jugar con el cachorro a menos que haya un adulto supervisándolos. Determina quién será responsable del cuidado principal del cachorro, incluido quién será el adiestrador principal. Para ayudar a enseñar a los niños más pequeños sobre la responsabilidad, un padre puede asociarse con un niño para gestionar el cuidado del cachorro. El niño será responsable de actividades como mantener el cuenco de agua lleno y alimentar al cachorro, y un padre puede supervisar el desempeño de las tareas.

Realiza una inspección más a nivel del suelo en cada habitación de la casa y el garaje. Esto debe hacerse unas horas antes de que llegue el cachorro para asegurarte de que se hayan eliminado todos los riesgos (los hábitos pueden ser difíciles de romper, así que asegúrate de que todo esté en orden).

El Viaje a Casa

El adiestramiento del Chihuahua comienza desde el momento en que el cachorro queda bajo tu cuidado. Las reglas y la jerarquía deben comenzar a establecerse desde ese primer viaje en coche a casa.

Por tentador que sea acurrucarse e intentar que tu Chihuahua se sienta cómodo, deberás ponerlo en una jaula para el viaje – no puedes comenzar haciendo una excepción. Tu cachorro está aprendiendo desde el principio. Cualquier cosa que pueda hacer para que bajes la guardia y le permitas salirse con la suya, la utilizará más adelante, y puede ser increíblemente terco en hacer las cosas a su manera si tú eres indulgente al principio. Por difícil que sea, deberás ser firme y consistente con tu cachorro Chihuahua.

Dos adultos deberían estar presentes en el primer viaje. Pregunte al criador si el cachorro ha estado en un coche antes y, si no, el segundo adulto puede actuar como consolador. El cachorro estará en la jaula, pero el adulto puede proporcionar palabras tranquilizadoras y caricias para hacerle saber al pequeño que todo estará bien. Definitivamente será aterrador porque el cachorro ya no tiene a su madre, hermanos o personas conocidas alrededor, por lo que tener a alguien presente para hablar con el cachorro hará que sea un poco menos difícil para el pequeño.

Este es el momento de comenzar a enseñar a tu cachorro que los viajes en coche son agradables. Esto significa asegurarte de que la jaula esté firmemente colocada en su lugar en lugar de estar suelta para moverse durante el viaje. Realmente no querrás aterrorizar al cachorro dejando que la jaula se deslice mientras el cachorro está dentro, sentado indefenso. Eso solo le enseñará a tu Chihuahua que los coches son tan aterradores como parecen.

Ve directamente a casa – no lleves a tu nuevo cachorro a ningún otro lugar. Aparte de visitar al veterinario y dar paseos cerca de casa, no planees llevar a tu cachorro a ningún lado durante las primeras semanas. Linda Jangula de Chihuahuas Wee Love advierte: "Cuando una Chihuahua muy joven llega a casa, lo primero que la gente tiende a hacer es llevar al cachorro a visitar amigos o llevarlo de compras". Esta es una idea terrible para todas las razas, pero particularmente para los Chihuahuas. Un Chihuahua puede entrar en shock hipoglucémico si se cansa o tiene hambre. Tampoco necesita aprender a temer al mundo. La socialización vendrá después. La primera semana se trata de permitirle acostumbrarse a ti y a tu hogar.

Sustos de la Primera Noche

Foto cortesía de Tasha Snitch

La primera noche de tu cachorro casi con certeza será una experiencia aterradora para él. Lejos de su mamá y de cualquier hermano, así como de los humanos que el cachorro ha llegado a conocer en su antiguo hogar, el miedo es una respuesta razonable. Por comprensible que esto pueda ser, solo hay cierto consuelo que puedes dar sin excederte. Al igual que con un bebé, cuanto más respondas a los llantos y gemidos, más le estarás enseñando al cachorro que los comportamientos negativos dan como resultado los resultados deseados. Prepárate para un acto de equilibrio muy difícil para proporcionar la seguridad de que las cosas estarán bien sin mimar demasiado a tu cachorro.

Deberías tener un área para dormir establecida para el cachorro antes de su llegada. Debes incluir una cama, y probablemente una jaula o un corral. Tu cama no es un lugar aceptable para que duerma el cachorro. Toda el área del cachorro debe estar bloqueada para que nadie pueda entrar (y el cachorro no pueda salir) durante la noche. También debe estar cerca de donde duermen las personas para que el cachorro no se sienta abandonado.

Para que las cosas sean un poco más familiares, también podrías solicitar que se proporcione algo que huela a la madre. La mejor manera de obtener un artículo que huela familiar para el pequeño es que tú envíes una manta que el criador pueda colocar con la madre durante unos días antes de que el cachorro llegue a casa. La manta también puede viajar con el cachorro en el coche de camino a tu casa.

Cosas como los sonidos pueden atraer la atención de tu cachorro, y esos sonidos desconocidos pueden dar miedo. Minimizar los ruidos puede ayudar a que la primera noche sea un poco menos aterradora. Tú te has acostumbrado a todo tipo de ruidos de fondo, pero muchos de ellos probablemente serán nuevos para tu cachorro.

Tu cachorro ciertamente va a hacer ruidos durante la noche, y no puedes considerarlos como un inconveniente, independientemente de si te impiden dormir. El cachorro está triste y asustado, así que sopórtalo – el cachorro lo tiene mucho más difícil que tú. No alejes al cachorro de ti, incluso si los gemidos te mantienen despierto. Estar alejado de las personas solo asustará más al cachorro, reforzando la ansiedad y el miedo a tu hogar. Hacer esto en la primera noche dará una impresión equivocada, dando a tu cachorro una sensación terrible sobre cómo será la vida contigo. Con el tiempo, simplemente estar cerca de ti por la noche será suficiente para asegurar a tu cachorro que todo estará bien.

No dormir mucho debería ser algo que esperes durante esa primera semana más o menos (al igual que con un bebé). Es por eso que deberías planificar que la primera noche sea durante un fin de semana, un día festivo o una noche en la que el sueño no sea tan importante. El segundo día del cachorro en tu hogar debería ser sobre el cachorro, no sobre volver a tu horario normal. Asegúrate de no tener trabajo ni nada urgente que hacer al día siguiente para que la falta de sueño no sea demasiado disruptiva. Perder el sueño es parte del trato de traer un cachorro a tu hogar. Afortunadamente, no toma tanto tiempo aclimatar a un cachorro como con un bebé humano, por lo que tu horario normal puede reanudarse más rápidamente.

Una de las cosas más difíciles de hacer es ignorar los gemidos. Aprenderás a distinguir lo que significan los diferentes sonidos que hace tu cachorro, pero al principio, debes usar tu mejor juicio. Esa primera noche, los gemidos son miedo a la situación y anhelo de hogar. Tranquiliza al cachorro una o dos veces, pero deja que el cachorro llore el resto del tiempo.

Si cedes, con el tiempo los gemidos, lloriqueos y llantos se volverán más fuertes. Evítate problemas más adelante enseñando al cachorro que no funcionará.

No dejes que tu cachorro entre en tu cama esa primera noche – ni ninguna otra noche – hasta que esté completamente adiestrado para hacer sus necesidades. Una vez que un Chihuahua aprende que la cama es accesible, no puedes entrenarlo para que no salte sobre ella. Si no está adiestrado para hacer sus necesidades, vas a necesitar una cama nueva, porque en esos primeros días cualquier lugar es un lugar para usar el baño.

Lo último que va a interrumpir tu sueño es la necesidad de descansos regulares para ir al baño. Prepara algo en el espacio del cachorro, pero asegúrate de que el cachorro lo use durante la noche. No vas a estar tambaleándote afuera con tu pequeño cachorro debido a todos los depredadores nocturnos, así que lo tienes más fácil que la mayoría de los nuevos dueños de cachorros. Eso no significa que puedas volverte perezoso. Necesitas mantener un horario, incluso durante la noche, para entrenar a tu cachorro sobre dónde usar el baño. Los cachorros necesitarán ir al baño cada dos o tres horas, y tú deberás levantarte varias veces durante la noche para asegurarte de que entienda que siempre debe ir al baño en los los paños para orinar. Si no haces cumplir la regla la primera noche, vas a tener dificultades para entrenarlo para que no pueda ir en la casa más adelante.

Primera Visita al Veterinario

Esta va a ser una tarea difícil porque puedes sentir un poco como si estuvieras traicionando a tu cachorro (especialmente con esos ojos grandes suplicándote que lo detengas). Sin embargo, es necesario hacer esto dentro del primer o segundo día de la llegada de tu cachorro. Necesitas establecer una línea base para la salud del cachorro para que el veterinario pueda seguir el progreso y monitorear al cachorro y asegurarte de que todo va bien a medida que el cachorro se desarrolla y envejece. Los Chihuahuas que tienen guardia son propensos a desarrollar hipoglucemia. Necesitas que revisen a tu Chihuahua para asegurarte de que el pequeño está sano.

También crea una relación entre el Chihuahua y el veterinario, lo que también puede ayudar más adelante. La evaluación inicial te brinda más información sobre tu cachorro, así como la oportunidad de hacerle preguntas y recibir consejos.

Seguramente será un viaje emocional para ambos, pero al principio tu cachorro sobre todo puede estar emocionado. Con tanto que olfatear y tantas otras mascotas para conocer, habrá mucho para que tu Chihuahua asimile. Tanto las personas como otras mascotas probablemente atraerán la atención de tu cachorro. Esta es una oportunidad para que trabajes en la socialización, aunque deberás tener cuidado. Siempre pregunta al dueño si está bien que tu cachorro conozca a cualquier otra mascota, y espera la aprobación antes de dejar que tu cachorro salude. Las mascotas en el consultorio del veterinario es muy probable que no se sientan muy bien, lo que significa que pueden no ser muy afables. No querrás que un perro mayor gruñón o un animal enfermo muerda, lastime o asuste a tu cachorro. Tampoco querrás que tu cachorro esté expuesto a algo potencialmente peligroso mientras aún está recibiendo las vacunas. Quieres que el otro animal esté feliz con el encuentro (aunque no demasiado emocionado) para que sea una experiencia positiva para tu cachorro.

Tener una primera experiencia positiva con otros animales puede hacer que la visita al veterinario sea menos aterradora, e incluso un poco divertida. Esto puede ayudar a que tu cachorro se sienta más cómodo durante las visitas al veterinario.

El Inicio del Adiestramiento

El adiestramiento de tu Chihuahua comienza en el momento en que tu cachorro entra en tu coche o en tu casa, y realmente nunca se detiene. Las primeras semanas tendrán un adiestramiento más intenso ya que estás enseñando lo básico, y esto servirá como base para todo el resto del adiestramiento que puedas querer hacer.

El enfoque durante estas primeras semanas es minimizar el comportamiento indeseable.

Ladridos

Los Chihuahuas son conocidas por ser vocales. Si quieres que tu cachorro sea más silencioso, debes comenzar durante la primera semana. Probablemente significará algunos premios adicionales durante los próximos meses (aquí es cuando pequeños trozos de galletas para perros o pienso son fantásticos), pero así es como le enseñarás a tu cachorro lo que significa "silencio". Sin embargo, es posible que desees evitar darle premios a tu cachorro durante la primera semana. Hay buenas probabilidades de que su estómago esté un poco alterado, así que no lo agraves dándole comida extra. Tu cachorro también hará ruido cuando intentes llamar su atención, por lo que también se estará entrenando a sí mismo para reaccionar de cierta manera a los ruidos.

La Correa

El adiestramiento con correa probablemente será bastante fácil ya que tu Chihuahua querrá revisar el área alrededor de tu casa. El adiestramiento es en realidad tanto para ti como para el cachorro. Nunca jales bruscamente a tu cachorro con la correa. Al principio, no dejes que tus hijos paseen al cachorro a menos que sean lo suficientemente mayores y responsables como para no tirar con fuerza. Es muy fácil lastimar el cuello de un Chihuahua, y eso puede causar otros problemas. Deberás comenzar a encontrar formas de mantener a tu cachorro caminando sin ser brusco.

Dado lo fácil que es lastimar sus cuellos, considera el adiestramiento con correa utilizando arneses. Es probable que tu cachorro no haya usado uno antes, por lo que puede haber un período de aprendizaje cuando tenga que acostumbrarse a usar un arnés en lugar de poder moverse libremente como lo hace en casa (sus límites están marcados por paredes, puertas y rejas, no por algo en su pequeño cuerpo). Nunca arrastres a tu cachorro. Si a tu Chihuahua no le gustan los paseos, jugar dentro de casa puede darte suficiente ejercicio siempre que te asegures de hacerlo varias veces al día durante 15 a 30 minutos cada vez. Para ayudar a tu cachorro a acostumbrarse a estar con correa, puedes dejar que el pequeño cachorro explore partes de tu casa mientras es supervisado y lleva la correa puesta. Deberás vigilarlo todo el tiempo que le permitas arrastrar la correa para que no se lastime ni se ahogue.

Enseñar Respeto

El respeto es una parte del adiestramiento, especialmente para un perro como el Chihuahua. Cualquier comportamiento que enseñes ahora serán lecciones que tu cachorro llevará adelante. Tú quieres enseñar a tu cachorro a respetarlo sin temerte. La consistencia es la mejor manera de hacerlo. No hagas excepciones durante la primera semana porque estarás luchando contra esa lección esencial por el resto de la vida de tu perro.

Adiestramiento para No Destrozar

Algunos Chihuahuas destrozarán cualquier cosa que dejes en su espacio. Observa este tipo de comportamiento cuando es joven y estate preparado para detenerlo en el acto.

Esta será una de las formas más rápidas de desalentar la destrucción. Es posible que no quieras comenzar en la primera o segunda semana, pero es probable que tu cachorro aún no intente destrozar cosas. Sin embargo, estate atento a esto, y tan pronto como tu Chihuahua comience a romper algo, intervéna.

Aseo – Mudadores Constantes

La mayoría de los criadores dicen que los Chihuahuas no mudan mucho pelo. Lo peor ocurre cuando cambian las estaciones. Sin embargo, algo mudan.

Afortunadamente, son muy pequeñas, lo que hace que sea increíblemente fácil cepillarlos todos los días. También es la manera perfecta de establecer un vínculo con tu pequeño al principio. Él disfrutará de la atención y el afecto, y tú estarás feliz de tener menos pelos de perro en tu comida. También puede ayudar a aliviar el estrés al final de un día difícil. Se ha demostrado que acariciar a los perros es un importante reductor del estrés, por lo que hay mucho que obtener de esta interacción diaria.

Ten en cuenta que los Chihuahuas de pelo corto en realidad mudan más que los de pelo largo. Es increíble pero cierto. Como no se consume mucho tiempo en el cepillado con ningún tipo de Chihuahua, los cepillados diarios pueden ser muy agradables.

Planifica Quedarte en Casa y Mantener la Calma

Los Chihuahuas que están adecuadamente socializados y adiestrados pueden estar entre algunos de los perros de menor mantenimiento porque no requieren salir al exterior. Durante el mal tiempo, pueden obtener ejercicio adecuado simplemente estando en casa jugando contigo.

La clave es que tienen que estar adecuadamente adiestradas y socializadas. Esto puede ser mucho trabajo al principio, pero vale la pena al final para tener un perro tan fantástico y fácil de manejar. Serán un gran compañero de viaje o un fantástico compañero de descanso – lo que la situación requiera.

CAPÍTULO 7.
El Primer Mes

Después de toda la emoción y actividad de la primera semana, probablemente comenzarás a establecer una rutina. Tendrás una idea de cómo es tu cachorro, y ya se habrá establecido una relación. Es posible que también estés bastante cansado, pero podrás ver cierto progreso – será un cansancio feliz.

Tener una comprensión básica de la personalidad de tu cachorro significa que podrás ver qué motiva mejor a tu cachorro (el elogio es fácilmente la mejor manera de hacer actuar a un Chihuahua, pero la comida es una segunda opción muy cercana). Esto hará que el primer mes sea un poco más fácil que la primera semana, y para el final de ese mes, tendrás una idea mucho mejor de cómo progresar con el adiestramiento y el tiempo de juego.

Foto cortesía de Emma Prince

En esta etapa, tu Chihuahua parecerá adorable y lindo, lo que puede hacer que bajes un poco la guardia. Resiste esa tentación. Debes continuar siendo firme y consistente en tu enfoque para que el adiestramiento se mantenga. Algunos Chihuahuas aprenden rápidamente mientras que otros son aprendices bastante lentos, pero ninguno de ellos hará lo que tú quieres si no eres firme y consistente. El adiestramiento también debe realizarse diariamente, aunque sea por períodos cortos de tiempo, para que tu cachorro se acostumbre a la idea de entrenar. Deberías ver algunos resultados del adiestramiento para el final del mes, aunque los resultados pueden no parecer muy grandes. La mayoría de los cachorros comienzan lentamente. El adiestramiento va a tomar tiempo, pero al final, tendrás un gran compañero que viaja bien y te hace compañía en casa.

No a Plena Capacidad

Probablemente estarás bastante ansioso por jugar con tu cachorro, pero debes tener cuidado con algunas cosas.

Foto cortesía de
Kristina Lesoine

1. Cuando se cansan y tienen hambre pueden volverse hipoglucémicos. Esto significa que tienen bajo nivel de azúcar en la sangre, lo que puede ser fatal. Alimentarlos solucionará el problema, pero es mejor que el cachorro no haga ejercicio durante períodos prolongados.

2. Sus cuellos pueden lastimarse fácilmente cuando un humano tira bruscamente de la correa. Dado su diminuto tamaño, no van a poder seguirte el ritmo muy bien. Es más fácil ser paciente cuando te quedas cerca de casa, y reduces la posibilidad de que tengas que recoger al cachorro para moverte más rápido.

3. Puede que quepan en un bolso, pero aún no están adiestrados para hacer sus necesidades. Cualquier bolso que utilices casi con seguridad se arruinará.

Incluso como adulto, tu Chihuahua no estará preparado para largas caminatas o paseos, pero como cachorro el ejercicio al aire libre va a ser prácticamente una salida rápida antes de volver a casa. El ejercicio diario deberá adaptarse a las capacidades de tu cachorro, y quedarse en casa facilitará la seguridad. Por ejemplo, puedes pasear a tu cachorro por el jardín con correa. Como nunca debes dejar que tu cachorro esté afuera solo, esta puede ser una excelente manera de adiestrar a tu cachorro sin preocuparte por los animales depredadores.

Los paseos deberán mantenerse cortos y el ejercicio debe limitarse a períodos breves, aunque puedes tener varias sesiones de ejercicio a lo largo del día. Típicamente, las sesiones de ejercicio terminarán con una agradable siesta del cachorro, lo que significa que tú no estarás excesivamente cansado sino que tendrás tiempo para hacer las cosas que necesitas sin sentir que tu cachorro te extraña. El cachorro todavía necesitará dormir en el área designada para él porque cuando ese pequeño despierte, es posible que tú no estés en la habitación.

Para cuando finalice el primer mes, tu cachorro tendrá un poco más de resistencia. A lo largo del mes, y los meses siguientes, necesitarás ajustar tu horario para acomodar paseos y sesiones de juego más largas. Las sesiones de ejercicio más largas significan menos sesiones, lo que en realidad puede liberar más tiempo en tu agenda. Solo asegúrate de monitorear los niveles de energía de tu Chihuahua.

Estableciendo las Reglas y Manteniéndolas

Los Chihuahuas aman estar con sus personas. Como son tan lindos y pueden ser tan afables, es mucho más probable que cedas al impulso de no adiestrar a tu perro hoy, pensando que puedes entrenarlo más tarde. Esto es algo que tu Chihuahua va a notar, y tratará de usar eso para salirse con la suya. Aunque puedas sentir que tu cachorro es demasiado joven para un enfoque firme, no lo es. Los cachorros necesitan un enfoque firme, quizás incluso más cuando estás estableciendo una base. Nunca se deben hacer excepciones a las reglas en los primeros días si quieres que el adiestramiento se mantenga.

Al no mantener tu adiestramiento consistente, estás estableciendo una dinámica negativa para tú y tu Chihuahua, ya que será difícil convencer a tu perro de que tú hablas en serio más adelante. Inadvertidamente, ya le hsa enseñado a tu cachorro que escucharte es opcional. Con la mirada o acción adecuada, el Chihuahua puede hacer que tú pierdas el enfoque.

El adiestramiento es importante para evitar que se lastime o destruya tus objetos. Evitarás que sea difícil de manejar más adelante. No querrás un pequeño Napoleón tratando de dictar las cosas en tu hogar.

Un enfoque firme y consistente con tu Chihuahua es lo mejor para ambos. Tú quieres que se diviertan juntos, pero eso también significa asegurarte de que tu Chihuahua sepa que hay algunas cosas que son obligatorias, incluido escucharte a ti.

Socialización Temprana – Esencial para una Chihuahua Feliz

Los Chihuahuas son diminutos – la mayoría de las cosas en el mundo son más grandes que ellos, incluidos la mayoría de los gatos domésticos. Algunos miembros de la raza tienden a ser excesivamente agresivos para compensar su tamaño, o son temerosos de todo. Ninguno de estos rasgos es saludable para tu Chihuahua. Para hacer que el mundo sea un lugar más cómodo, debes asegurarte de que la socialización sea algo en lo que trabajes activamente con tu cachorro.

Los paseos regulares donde puedas conocer gente son perfectos. Esto enseña a tu cachorro a sentirse cómodo con los demás en lugar de sentir la necesidad de ladrar constantemente a los extraños. No necesitan mucho ejercicio. Jeanne Eubanks de Uey's Chihuahuas dice: "un paseo de 15 minutos una o dos veces al día es perfecto para ellos, especialmente si pueden socializar con humanos durante el paseo".

Incluir la socialización en el horario de ejercicio es la mejor manera de ocuparse de dos cosas al mismo tiempo.

Premios y Recompensas vs. Castigos

El adiestramiento y los premios están tan estrechamente relacionados que puede ser difícil considerar cualquier otra cosa como un medio eficaz para adiestrar a tu perro. Después de los premios, la gente piensa en el castigo como una forma de disuadir a los perros de comportamientos indeseables. Aunque estos han sido los métodos típicos utilizados en el adiestramiento, hay serios problemas con ambos, particularmente con los Chihuahuas. Enseñar a un cachorro el comportamiento adecuado es un acto de equilibrio para asegurarte de que sea firme, pero no cruel, por lo que debes proporcionar recompensas, pero usar algo mejor que la comida.

El refuerzo positivo puede ser una forma efectiva de adiestrar a los Chihuahuas. La comida es una opción obvia, pero debes tener mucho cuidado de no sobrealimentar a tu cachorro. No querrás que el pequeño se acostumbre a comer demasiado, especialmente cuando se convierta en adulto y ya no tenga un metabolismo rápido. Comenzar con premios es lo mejor, pero rápidamente debes comenzar a usar elogios y caricias adicionales como la forma principal de refuerzo positivo. Incluso podrías agregar algo de tiempo de juego adicional después de una sesión de adiestramiento si tu cachorro lo hace muy bien.

Foto cortesía de Susan Davies

Tener el respeto de tu cachorro también es esencial para un adiestramiento exitoso. Si tu Chihuahua te respeta, será mucho más fácil para él aceptar la atención positiva en lugar de premios porque sabe que tú estás a cargo.

Ocasionalmente puedes necesitar recurrir al castigo con tu Chihuahua, particularmente si muerde o mastica muebles. Sin embargo, debes tener cuidado de no adiestrarlo para que crea en cosas o acciones que harán tu vida más difícil. Nunca uses la jaula como un lugar para castigar a tu Chihuahua – debe ser un refugio seguro cuando tu cachorro quiera estar solo o dormir. No es una cárcel y no debes usarla como tal. Puedes usar en su lugar el tiempo para transmitir tu punto (y decepción) al cachorro. El tiempo fuera debe ser en un lugar donde el cachorro no pueda interactuar contigo, sin importar cuánto ladre, gimotee o lloriquee el pequeño, pero tú todavía debes estar visible para él. No quieres asustar al cachorro. El punto es hacerle saber que tú todavía estás allí pero intencionalmente no estás interactuando debido a sus acciones. Al negarle el acceso a ti sin que tú desaparezcas, le estás recordando exactamente por qué necesita comportarse.

Ejercicio – Esencial pero Increíblemente Fácil

Si bien puede ser difícil no sobrealimentar a un Chihuahua – esos ojos grandes pueden ser muy difíciles de rechazar – asegurarte de que tu pequeño perro haga ejercicio adecuado es increíblemente fácil. Un par de paseos de 15 minutos para el final del primer mes serán más que suficientes. Cuando el clima es malo, simplemente puedes jugar algunos juegos para asegurarte de que tu cachorro obtenga suficiente movimiento para estar saludable. La facilidad de asegurarte de que un Chihuahua haga suficiente ejercicio es una de las razones por las que tanta gente los ama. No vienen con los paseos tradicionales si tú no lo deseas.

Mejores Actividades

Los Chihuahuas son el perro perfecto si quieres un compañero que pueda simplemente divertirse contigo en interiores. Aparte de descansar en tu hogar, hay muchos juegos que puedes jugar con tu cachorro.

"Juguete ordenado" es algo que puedes hacer para enseñar a tu cachorro a recoger los juguetes. No solo es divertido, puede ayudar a mantener tu hogar libre de juguetes para perros. Requerirá algo de adiestramiento, pero no requiere premios adicionales, y siempre que te exceda en los elogios, tu cachorro amará la atención. Hay muchas Chihuahuas inteligentes, por lo que aprenderán rápidamente que guardar los juguetes les dará elogios.

"Encuentra el premio" es otro juego fácil que realmente no cuesta mucho, especialmente si usas pequeños trozos de galletas para perros o pienso. También es una gran estimulación mental. Coloca el premio donde tu cachorro pueda verlo, luego coloca una taza pequeña o un recipiente de yogur limpio sobre él. Coloca dos tazas o recipientes idénticos a cada lado, luego cámbialos de lugar. Tu cachorro aprenderá a observar los movimientos para averiguar dónde está el premio. Tener a alguien que ayude a mostrar lo que el cachorro debe hacer ayudará a que tu cachorro entienda el punto mucho más rápido.

Otros juegos como el escondite, buscar y traer, y "Simón dice" son cosas que tu cachorro puede aprender con el tiempo. Con suficiente atención y juegos, puedes tener un Chihuahua muy inteligente que obtenga todo el ejercicio y la emoción necesarios de juegos sencillos.

CAPÍTULO 8.
Entrenamiento de control de esfínteres

Enseñar a un perro a hacer sus necesidades nunca es divertido, y esto es tan cierto con los Chihuahuas como con cualquier otra raza canina. La diferencia entre entrenar a un Chihuahua y a la mayoría de los otros perros es que realmente no necesitas sacar a los Chihuahuas al exterior. El entrenamiento de control de esfínteres es esencial para criar a cualquier cachorro, pero es un poco más fácil con una raza que no tiene que aprender a salir afuera. Con los Chihuahuas, tú te enfrentarás a una experiencia interesante (aunque el criador debería poder informarte cuánto tiempo tardó en entrenar a los padres para darte una idea de cuánto podrías tardar tú en completar el entrenamiento con tu cachorro).

Durante este período se deben seguir dos reglas.

1. Tu cachorro no debe dejarse deambular libremente por la casa cuando no hay nadie para supervisarlo. A tu Chihuahua no le agradará la idea de estar en una jaula sucia, por lo que esto funciona como un elemento disuasorio para usar el baño cuando tú no estás presente.

2. Tu cachorro debe tener acceso constante y fácil a los lugares donde tú planeas entrenarlo para hacer sus necesidades. Esto es increíble-

mente sencillo si divides el área del cachorro en un lugar para vivir y una pequeña zona donde el cachorro va al baño.

Una vez que tengas tu plan de entrenamiento, estate preparado para hacer cumplir todas las reglas y un horario para ir al baño.

Comprendiendo a tu perro

Cada Chihuahua es diferente, por lo que necesitarás trabajar con tu cachorro como un individuo para descubrir qué funciona mejor con él. Puede que pase un tiempo antes de que tu cachorro entienda exactamente lo que tú quieres en esos primeros días, porque es un concepto completamente nuevo para él. Si el criador comenzó el entrenamiento, tú debes mantener ese mismo método. Considerando lo inteligentes que son la mayoría de los Chihuahuas, si piensan que pueden salirse con la suya haciendo sus necesidades donde quieran, casi siempre es por causa de las personas que los cuidan.

La consistencia es clave con todos los perros, sin importar su personalidad o raza. La comida es un gran motivador, pero debes limitarte a pequeñas golosinas, o piezas de croquetas o pequeños trozos de galletas para perros o pienso para evitar que tu cachorro coma en exceso. A medida que tu cachorro muestre señales de sentirse motivado al verte feliz (por ejemplo, se emociona cuando tú lo haces o reacciona queriendo jugar cuando tú hablas), comienza a usar elogios tanto como golosinas para reforzar que el cachorro use el baño en el lugar correcto.

Foto cortesía de Kristina Lesoine

Necesitarás adaptar el horario a las necesidades de tu cachorro. Para empezar, siempre planifica llevar al cachorro al paño absorbente después de comer y dormir – es casi seguro que tu cachorro necesitará ir después de cada actividad. Si logras llevar al cachorro a la almohadilla con éxito, tendrás muchas más posibilidades de enseñarle a ir al lugar correcto para hacer sus necesidades.

Como no hacen sus necesidades afuera, realmente debes estar Atento con los Chihuahuas. Como explica Barbara Pendergrass de Rafina Chihuahuas: "Olvidar que están entrenados para hacer sus necesidades en un lugar específico, sucede. Es importante ser diligente en observarlos, y cuando parece que van a tener un accidente, levantarlos y llevarlos al paño absorbente sin regañarlos, lo que les ayuda a recordar".

El entrenamiento de control de esfínteres no debe ser un esfuerzo atemorizante, y si tu Chihuahua decide que es demasiado esfuerzo (aunque no tenga que salir), puede ser frustrante. Mantener la paciencia y la amabilidad ayudará a convencer a tu Chihuahua de que vale la pena el esfuerzo. Si interrumpes el tiempo de juego, pon al Chihuahua en un corral, y limpia inmediatamente el desorden. Es mucho más probable que tu Chihuahua decida usar los paños. Interrumpir el tiempo de juego o diversión y tener que esperar a que tú regreses no será agradable, y hacer sus necesidades en un paño absorbente parecerá una manera fácil de evitar la interrupción.

Dentro o fuera

Recuerda que no puedes enviar a tu cachorro afuera para usar el baño solo. Puedes tener una malla instalada sobre una parte de tu jardín, pero tu Chihuahua no debe ser enviado afuera solo, incluso siendo adulto. Su tamaño hace que no necesiten mucho espacio o un gran agujero para que se deslicen a través de él y lleguen a áreas desprotegidas.

Es mucho más fácil establecer áreas dentro del hogar donde tu Chihuahua pueda hacer sus necesidades. Aquí hay algunas recomendaciones de criadores sobre cómo entrenar a tu Chihuahua en interiores.

1. "Durante el tiempo de juego familiar, ten 2-3 paños absorbentes en varios lugares de la habitación (especialmente uno justo fuera del corral), y si el corral tiene una puerta, déjala abierta mientras el cachorro está jugando para que pueda regresar a hacer sus necesidades si es necesario". - Linda Jangula de Chihuahuas Wee Love

2. "Se les puede entrenar para usar paños absorbentes, puertas para perros o salir con correa. Lo clave es que nunca deben dejarse solos afuera, pueden ser presa de animales salvajes y aves". - Kathy Golden de Kactus Kathy's Chihuahuas

3. "¡Recuerda ser paciente y no esperar milagros de la noche a la mañana! El éxito viene con paciencia y repetición". - Linda Jangula de Chihuahuas Wee Love

Establece quién manda – Amable pero firme, muy firme

Por difícil que sea, debes adoptar un enfoque firme y consistente, sin importar lo lindo que sea el cachorro. Resiste el impulso de considerar algo como suficientemente bueno o casi correcto. Tu Chihuahua necesita usar el área designada y aprender a contenerse cuando está dentro y lejos de un paño. Esto no sucederá si haces excepciones. Tu Chihuahua es lo suficientemente inteligente para saber cuándo tú estás siendo débil, y va a usar eso como una excusa para "olvidar" dónde debe ir al baño.

Piensa en el entrenamiento de tu Chihuahua como el de un gato. No quieres que tu gato haga sus necesidades en cualquier lugar de la casa – tu Chihuahua tampoco debería tener libertad para ir a cualquier sitio.

Refuerzo positivo – Se trata de respeto

Lleva contigo algunas piezas de croquetas o pequeños premios para perros cuando estés enseñando a tu cachorro dónde ir. Aprender que tú eres quien está a cargo ayudará a enseñar al Chihuahua a buscar en ti señales e instrucciones. Pueden tratar de presionarte un poco, para convencerte de que está bien dejar pasar las cosas porque quieren disfrutar del tiempo contigo – no ser obligados a hacer algo.

Mientras te mantienes firme y consistente, cuando tu cachorro hace lo correcto, debes colmarlo de elogios. Quieren escuchar que son buenos, y si les das una golosina extra o croqueta, esto los pondrá por las nubes.

Saber lo que tú quieres facilitará que el Chihuahua comience a hacer las cosas como tú deseas. Al centrarse en este aspecto, estás estableciendo el respeto necesario para todo el entrenamiento futuro.

Se desaconseja firmemente castigar a tu Chihuahua. Todo lo que hace el castigo es entrenar a tu Chihuahua para que no haga algo cuando tú estás cerca o para que lo haga donde tú no lo encontrarás (al menos, no hasta más tarde). La lección que estás tratando de enseñar no es la que tu Chihuahua aprenda, por lo que es mejor ceñirse al refuerzo positivo – eso lo entienden muy bien. Entrenar a un Chihuahua (o cualquier perro) no es exactamente como enseñar a un humano, y no puedes adoptar el mismo enfoque.

¿Horario regular, puerta para perros o periódicos?

El entrenamiento debe realizarse prácticamente dentro del hogar porque tu Chihuahua no puede salir solo de manera segura. Es totalmente posible que tu Chihuahua solo salga durante los paseos, y eso está perfectamente bien ya que el exterior no será su lugar principal para hacer sus necesidades.

No es recomendable una puerta para perros para un Chihuahua porque no deben salir solos bajo ninguna circunstancia. Incluso si tienes una malla sobre parte del jardín, hay demasiadas formas en que tu pequeño puede escapar.

Todo depende de ti – Los Chihuahuas están entre los más difíciles de entrenar para el control de esfínteres

A los Chihuahuas les encanta hacerte feliz, pero también quieren hacer lo que es más fácil para ellos. Podrías enfrentarte a un largo régimen de entrenamiento cuando se trata de conseguir que tu Chihuahua aprenda que toda la casa no es un baño. Como no salen, es más complicado entrenarlos para el control de esfínteres. Independientemente de la rapidez con que aprenda tu Chihuahua, si tú no eres firme y consistente, tu perro sentirá que dentro de tu hogar es un lugar aceptable para usar el baño.

Ser firme no es lo mismo que ser cruel o hablar en voz alta. No quieres asustar a tu cachorro porque eso va a tener el efecto contrario en lo que aprenden. Amable, firme y consistente. Requiere bastante paciencia, pero una vez que tu Chihuahua aprende, las cosas se volverán más fáciles. Ten en cuenta que debes asegurarte de que tu Chihuahua no "olvide" tampoco. Puede ser complicado, pero si no permites excepciones, será mucho más fácil.

Anticipando accidentes

En última instancia, la mejor manera de entrenar a un Chihuahua sobre dónde ir al baño es anticiparse y actuar antes de que lo necesite. Los horarios son excelentes para ayudar a prepararse para cuando harán sus necesidades. Después de dormir y comer son momentos en que los cachorros tienen más probabilidades de necesitar ir. El tiempo de juego también puede ser increíblemente emocionante.

Cuando tu cachorro está fuera de su área, siempre estate atento a las señales de que tu cachorro está buscando un lugar para ir. Tu cachorro no debería estar solo de todos modos, pero incluso mientras estás jugando con él, debes estar buscando señales de que tu cachorro necesita ir al baño.

CAPÍTULO 9.
Socialización y Experiencia

"Es importante que un cachorro socialice con otros perros de tamaño similar y con aquellos que sean tranquilos y de buen carácter. Se debe tener extremo cuidado de que el cachorro no resulte herido o asustado por un perro bullicioso, incluso si este es pequeño".

Barbara Pendergrass
Rafina Chihuahuas

A menos que se socialice adecuadamente a una edad temprana, el Chihuahua no es una raza particularmente sociable. Tienden a mostrar un gran rechazo hacia perros más grandes y son increíblemente cautelosos con los extraños. Esta es una de las razones por las que frecuentemente son tan vocales, haciendo saber al mundo que no se debe jugar con ellos. Sin embargo, cuando se trata de estar con su familia, los Chihuahuas pueden ser muy divertidos, son increíblemente leales y disfrutan simplemente descansando. También les encanta estar con otros Chihuahuas. Si no están socializados, se sentirán infelices al salir de casa o cuando reciban visitas. Tú deseas que tu compañero se sienta cómodo en todos los lugares a donde vayan juntos, y ese es el objetivo final de la socialización.

Necesitarás planificar la socialización de tu Chihuahua porque son naturalmente desconfiados con otras personas y animales. Sin planificación y un entorno controlado, la socialización puede salir muy mal, muy rápidamente. Si mantienes las cosas simples y bajo control, tu Chihuahua aprenderá a relajarse y disfrutar de la compañía de otras personas y perros, no solo de aquellos en tu familia inmediata. Esto significará que podrás llevar a tu pequeño miembro de la familia contigo cuando salgas de casa, en lugar de dejarlo siempre en casa, para evitar la ansiedad, el miedo, la agresión y otras emociones negativas.

Foto cortesía de
Elisha Jade Swanson

Beneficios de la Socialización

Siempre es importante socializar a los perros, pero aún más con los perros pequeños. Con un Chihuahua, la socialización es absolutamente esencial para evitar que se convierta en un manojo de nervios o en una pequeña amenaza agresiva. Las personas tienden a ser sobreprotectoras y cautelosas cuando tienen perros y cachorros pequeños, y esto puede llevar a problemas serios más adelante. Dado el hecho de que son la más pequeña de todas las razas de perros, existe una extensa historia de Chihuahuas que no son tratados como perros. Esta es parte de la razón por la que algunas personas tienen una impresión tan negativa de ellos. Sin una socialización adecuada, los Chihuahuas tienden a ser nerviosos o agresivos; ninguno de estos rasgos es agradable para ti. Ambos son increíblemente poco saludables para tu Chihuahua.

Los beneficios de la socialización temprana son que puedes hacer las cosas mucho más agradables para todos los involucrados, sin importar cuál sea la situación. Un perro socializado abordará el mundo desde un lugar mucho mejor que un perro que no está socializado. Un Chihuahua adecuadamente socializado puede ser una absoluta delicia tenerlo cerca, algo que es fantástico dado que son básicamente un perro de tamaño de viaje.

Problemas Derivados de la Falta de Socialización

La socialización comienza en el momento en que tu cachorro llega. Sin socialización, ninguna cantidad de adiestramiento ayudará a tu Chihuahua a interactuar mejor con otros animales y humanos. Todas las demás reglas siguen aplicándose durante la socialización, así que ten esto en cuenta mientras ayudas a tu perro a conocer nuevos amigos.

Si tratas a tu perro como una muñeca o un bebé, protegiéndolo de todo y de todos, el perro desarrollará el síndrome del perro pequeño, particularmente cuando tienes un perro propenso al nerviosismo o a la agresión como los Chihuahuas. Necesitan que se les permita aprender a interactuar con otros para que no estén siempre aterrorizados o molestos contigo cuando hay otras personas o perros a tu alrededor. No es saludable para tu Chihuahua estar siempre ansioso o nervioso alrededor de otros, especialmente cuando puedes evitarlo fácilmente. Dedica tiempo a socializar a tu cachorro para hacer su vida agradable y para que esté tan feliz de conocer nuevas personas y perros como lo están tú y tu familia.

Esto es más fácil de hacer en los paseos cortos que realizas. Comenzar con las personas es el camino más fácil, particularmente con adultos, porque puede informarles sobre las reglas y asegurarte de que no hagan cosas que puedan agitar o asustar a tu cachorro. Los perros pueden ser un poco atemorizantes, y tu cachorro aún no está completamente vacunado, por lo que realmente no deberías permitir que tu cachorro conozca a otros caninos todavía. Sin embargo, está prácticamente garantizado que encontrarás personas cuando estés dando un paseo, lo que significa que puedes comenzar la socialización poco después de que llegue tu cachorro.

Al darle a tu pequeño buenas experiencias con otras personas desde temprano, tu cachorro se sentirá más cómodo alrededor de extraños. Esto será increíblemente beneficioso si planeas llevar a tu perro contigo con frecuencia o si recibe visitas regularmente.

Síndrome del Perro Pequeño

Todos los perros pequeños (no solo los Chihuahuas) pueden desarrollar el síndrome del perro pequeño si no están adecuadamente socializados. Cuando las personas dicen que no les gustan los perros pequeños, es casi seguro que se debe a que sus experiencias han sido

Foto cortesía de
Crystal Jay Herrald–Campbell

©Crystal Herrald–Cam

con perros pequeños que no han sido socializados y son pequeños terrores. No es una amenaza para la vida, pero las personas no querrán estar cerca de tu Chihuahua, al igual que tu Chihuahua no querrá tener a otras personas y perros a su alrededor. Esto degrada la calidad de vida de tu perro (y probablemente la suya también).

La razón por la que los perros pequeños son propensos a este tipo de comportamiento es que las personas tienden a ser excesivamente cuidadosas con ellos, llevándolos en brazos en lugar de dejarlos caminar, permitiéndoles salirse con la suya porque es "lindo", y pensando que la agresión no es gran cosa. Un Chihuahua no puede hacer tanto daño como un perro de tamaño mediano, por lo que las personas tienden a ser más indulgentes con el mal comportamiento. Es peor si lo fomentas riéndote o encontrándolo divertido.

La personalidad de tu Chihuahua se verá afectada si tú no actúas de manera firme y consistente. No son bebés y pueden entender mucho más que los niños pequeños cuando son adultos. Eso significa que están utilizando su falta de adiestramiento serio para salirse con la suya haciendo lo que quieren hacer. Es increíblemente difícil reeducar a un Chihuahua una vez que desarrolla estos malos comportamientos.

Siempre debes aplicar las reglas de manera consistente, sin importar el tamaño de tu cachorro y perro. Como canino inteligente, el Chihuahua aprende que el mal comportamiento estará bien desde esos primeros días si tú no aplicas las reglas de manera consistente. Si tú eres protector con tu cachorro, ese perrito inteligente va a aprender a temer esas cosas. En lugar de mantener a tu cachorro aislado, permite que el pequeño explore tanto como lo haría con una raza de perro más grande. Obviamente, si estás caminando por tu vecindario y encuentras un perro agresivo, mantén a tu cachorro alejado para que no correlacione a los perros que conoce fuera de su casa como una amenaza. Además, ten en cuenta que necesitas caminar una distancia que tu cachorro pueda manejar para que no se sienta tentado a levantar a tu cachorro del suelo. Puedes dejar que tu cachorro salude a perros amistosos, pidiendo permiso a las personas que pasean al perro desconocido. Si dicen que está bien, tu pequeño amigo tendrá la oportunidad de olfatear narices y ver que conocer a otros perros es genial. Estate preparado para que tu cachorro se sienta un poco menos que complacido con perros grandes. Si dedicas mucho tiempo a la socialización, es probable que tengas un Chihuahua que vea a los perros pequeños y grandes de manera similar en lugar de discriminar a las razas más grandes.

Por Qué la Genética Importa

La genética es importante no solo en términos de la salud del perro sino también de su personalidad. Dada la amplia gama de personalidades potenciales, tú quieres obtener un perro que tenga padres con un temperamento similar al que deseas en tu perro. La socialización temprana puede ayudar a desarrollar el amor por nuevas personas, perros y experiencias. Querrás saber si los padres de tu cachorro son asustadizos o distantes para saber qué esperar y poder observar esos rasgos y corregirlos lo antes posible.

Conocer las personalidades de los padres te ayudará a planificar el adiestramiento también. Si uno de los padres tiende a ser tímido o activo, puedes planificar para aprovechar las fortalezas y debilidades señaladas por el criador.

Problemas Comunes

Esta es una raza que es notoria por ser muy expresiva o aterrorizada. Estos son definitivamente los extremos, pero es posible que sin socialización, puedas tener estos problemas con tu perro.

Uno de los mayores problemas reportados con los Chihuahuas es la agresividad hacia otros perros, particularmente los grandes. También pueden ser agresivos hacia las personas, lo que puede ser un problema serio si comienzan a dar mordiscos y mordeduras. La mayoría de estos síntomas son del síndrome del perro pequeño, pero a los Chihuahuas naturalmente no les gustan los perros más grandes. Dado que no hay perros más pequeños que esta raza, puedes esperar que sin una socialización adecuada, tu Chihuahua desarrollará una postura agresiva hacia la mayoría de los perros que conozcas.

A una escala mucho menor, los Chihuahuas son notorios ladradores. Incluso si no son agresivas o poco amistosas, puedes encontrar que tu Chihuahua simplemente no sabe cuándo callarse. El ruido más pequeño puede desencadenar una tension en tu perro, pero un golpe en la puerta lo enviará a un ataque de ladridos. Adiestrar a tu Chihuahua para que sea menos molesta ayudará a hacer que sus 15 a 20 años juntos sean mucho más agradables.

Saludando Adecuadamente a Nuevas Personas

Típicamente hay dos reacciones de las personas al encontrarse con Chihuahuas: o estarán emocionados y querrán jugar, o estarán molestos y pasarán sin mirar a tu perro. Si tu perro es muy vocal, obtendrás mucho más de la última reacción.

Es el extraño que se acerca queriendo jugar con tu cachorro el que va a ser el mayor problema. Es posible que algunas personas no entiendan la etiqueta adecuada e intenten levantar a tu Chihuahua. Las personas que actúan sin obtener aprobación primero deben ser evitadas si no escuchan cuando tú explicas que tu cachorro no debe ser sostenido.

Las mismas reglas se aplican fuera de la casa como dentro: deja que tu cachorro inicie la interacción. Los extraños pueden agacharse y extender una mano, pero el perrito debe acercarse a ellos, no al revés. Tú quieres que la experiencia sea divertida y emocionante para tu joven amigo de cuatro patas. Esto significa que las cosas deben ser en los términos del cachorro para que no se sienta abrumado o que lo que necesita no importa. Al iniciar el contacto, el cachorro desarrollará una sensación de comodidad cuando estés fuera del hogar.

Comportamiento Alrededor de Otros Perros

Hay muchos Chihuahuas que viven en hogares con otros perros, tanto grandes como pequeños. Con una socialización adecuada, tu Chihuahua puede aprender que los perros grandes son divertidos de tener alrededor, y es aún más fácil si tienes perros grandes y amigables en casa.

Si no tienes otros perros, lo encontrarás más desafiante. Al principio, tu Chihuahua no debe estar expuesto a otros perros hasta que haya completado sus vacunas. Esto significa evitar activamente a los perros fuera de tu hogar. Querrás hacer esto de una manera que no des a tu cachorro la impresión de que es porque el otro perro es peligroso. Tan pronto como tu cachorro haya recibido todas las vacunas, pide a algunos amigos que tengan citas de juego con sus perros (si sus perros son amigables). Puede haber un retraso en la socialización con otros perros, por lo que es aún más importante comenzar lo antes posible. Tú quieres que tu Chihuahua se sienta cómodo al salir de casa, y eso será casi imposible si el pequeño no tiene experiencias positivas con otros perros.

Algunos criadores también recomiendan que tengas al menos dos Chihuahuas a la vez. Los Chihuahuas no tienen la misma aversión hacia su propia raza como algunas otras razas, y tener un segundo Chihuahua significa que no te sentirás culpable por dejar a tu perro solo en casa. Esto puede reducir su ansiedad y darle alguien con quien jugar cuando no hay personas alrededor.

CAPÍTULO 10.
Ser Padre de un Cachorro

Tener un cachorro como mascota puede ser increíblemente divertido y emocionante. Al mismo tiempo, resulta increíblemente agotador y frustrante. Un cachorro aporta una perspectiva completamente nueva del mundo que las personas simplemente no ven sin la guía de un cachorro. Esto es lo que hace difícil verlo como la pequeña criatura destructiva que puede llegar a ser.

Cuando se trata de Chihuahuas, esta relación se complica por el hecho de que tu cachorro puede ser obstinado, y con su inteligencia, cualquier excepción a las reglas será recordada y explotada durante mucho tiempo. Si percibes cualquier vacilación, es lo suficientemente astuto para saber cómo aprovecharla. Si tú decides que algo está "más o menos bien", él va a explotar esa debilidad. Tu Chihuahua está muy sintonizado contigo y tu actitud, y si muestra cualquier debilidad respecto a hacerte cumplir lo que debes hacer, él manipulará eso en el futuro, buscando formas de repetir tu decisión de dejar pasar algo.

*Foto cortesía de
Crystal Jay Herrald-Campbell*

Cuando están adecuadamente adiestrados, los Chihuahuas son compañeros increíbles. Solo requiere mucho trabajo en esos primeros días para asegurar que aprenda los hábitos correctos.

Mantener la Firmeza con Consistencia

Cuando se trata de adiestrar a un Chihuahua, debes ser firme y consistente. A lo largo de su vida, tu Chihuahua va a intentar salirse con la suya en comportamientos inadecuados, no por rebeldía, sino simplemente para ver si puede lograrlo. Es una de las principales razones por las que realmente no puedes hacer excepciones a las reglas para él, ni siquiera mientras todavía es un cachorro.

Si te acostumbras a hacer excepciones porque el cachorro es adorable, no vas a tener éxito en el adiestramiento de tu Chihuahua. Puede ser pequeño, pero puede ser muy perspicaz. Es inteligente y puede ser bastante terco intentando salirse con la suya. Debes ser inflexible con tu cachorro si deseas tener un perro bien educado.

Tu perro no pretende hacer daño y ciertamente no está tratando de ser rebelde. A los Chihuahuas simplemente les gusta tener las cosas a su manera, y generalmente son lo suficientemente astutos para conseguirlo. Sin embargo, podría significar que tu cachorro no te respeta. Por eso es tan importante ser consistente y firme. Tu perro tiene que saber que tú eres el alfa de la manada en todo momento.

El Mordisqueo del Cachorro y a Qué Prestar Atención

Los cachorros mordisquean. Al principio, están en la etapa de dentición y se sienten bien al hundir sus dientes en algo. Más tarde, lo hacen como parte de su aprendizaje y socialización. Los Chihuahuas son una de las razas con las que debes tener especial cuidado porque tienen tendencia a ser destructivos cuando están aburridos. Mordisquear cosas puede ser parte de un hábito o para hacerte saber que no e gusta quedarse solo. Como tu cachorro es tan pequeño, puede acceder a muchos lugares para mordisquear cosas que absolutamente no debería. Esta es una razón por la que tu pequeño no debería estar fuera de su área de cachorro sin supervisión.

Durante los primeros meses después de que tu cachorro llegue a casa, deberías mantenerlo asegurado en un lugar donde solo haya algunas cosas para masticar. También necesitas asegurarte de que no haya forma de que tu cachorro escape de su área. Eso significa asegurarte de que no haya muebles u objetos que puedan moverse o ser derribados y sobre los que pueda saltar. Comenzarás a resolver problemas notablemente temprano, y aunque no serás propenso a derribar puertas y barreras, no es adverso a encontrar formas de evitarlas.

Cuando tu cachorro no esté en el espacio cerrado, debes vigilarlo en todo momento. Al igual que cuando cuidas a un bebé o un niño pequeño, una vez que te das la vuelta para mirar hacia otro lado, ese cachorro va a meterse en cosas en las que no debería. Si no tienes tiempo para vigilar a tu Chihuahua, mantén al cachorro en un lugar donde no haya mucho que masticar (además de las cosas que no te importa que el cachorro destroce).

Puedes mantener juguetes y objetos para masticar alrededor de tu cachorro en todo momento, particularmente en el área designada para el Chihuahua. Esto ayuda al cachorro a aprender qué es apropiado masticar. Una vez que sea el momento de salir y jugar, tu Chihuahua aprenderá qué no debe masticar, por eso debes mantener tu atención en el cachorro. Con el tiempo, tu perro aprenderá qué cosas son aceptables para usar como juguete para masticar.

Posibles Problemas con los Chihuahuas

"Uno de los comportamientos más indeseados es el ladrido agresivo con el que algunos propietarios lidian regularmente".

Linda Jangula
Chihuahuas Wee Love

Foto cortesía de
Kayleigh Denyer

Además de la agresión, una de las mayores quejas que la gente tiene sobre los Chihuahuas es que ladran mucho. Informarte sobre los padres puede ayudarte a determinar la probabilidad de que sea un problema con tu cachorro. Sin embargo, deberías planear adiestrar a tu cachorro para que no ladre incesantemente, incluso si los padres son relativamente tranquilos. Con toda probabilidad, los padres fueron adiestrados para no ladrar, por lo que puede no ser un rasgo de personalidad tanto como un muy buen adiestramiento. Asegúrate de preguntar al adiestrador. Esta es también la razón por la que la socialización es tan importante.

Para disuadir el ladrido constante, puedes usar una pistola de agua cuando comience a ladrar. Similar a la forma de disuadir a los gatos, a un Chihuahua generalmente no les gusta la sorpresa de un chorro de agua en su cuerpo. Ten cuidado de no mojarle las orejas.

Linda Jangula advierte de otro problema también: "Otro problema similar al que tienen muchas otras razas es el marcaje o mojar dentro de la casa. Como estos pequeños están tan cerca del suelo o la alfombra, puede ser difícil ver cuando están marcando, lo que permite que se forme un hábito antes de que el dueño se dé cuenta". Necesitarás vigilar constantemente a tu cachorro, particularmente a los machos. Si notas que tu cachorro no está siguiendo las reglas de adiestramiento para hacer sus necesidades, es posible que debas disuadir el deseo de tu cachorro de marcar tu hogar usando un pañal envolvente.

Además de problemas con el ladrido y el adiestramiento para hacer sus necesidades, los Chihuahuas son conocidos por comer heces. Como están cerca del suelo, pueden agarrar excrementos antes de que tú notes que están ahí. Es realmente desagradable y puede ser difícil de desalentar si no tienes un ojo constante en tu Chihuahua mientras estás paseando. Deberás permanecer atento incluso después de que tu Chihuahua se convierta en adulto. Es un hábito que puede adquirir después de dejar de ser un cachorro porque el olor es demasiado tentador, especialmente si va cerca de lugares donde pasan tiempo las aves acuáticas. Afortunadamente, no necesitas pasar mucho tiempo afuera con el pequeño, lo que puede facilitar mucho ayudarlo a abstenerse de este comportamiento repugnante.

¡Hora de Jugar!

La hora de jugar es maravillosa para ti y el cachorro. Los Chihuahuas solo quieren estar con su manada pasándolo bien, y tú le estás dando todo lo que necesita para mantenerse alejado de problemas. Sin mencionar que un Chihuahua es tan increíblemente lindo como cachorro que difícilmente es una tarea jugar con él hasta que esté demasiado cansado para hacer mucho.

Hazte tiempo en tu agenda para jugar regularmente. No importa lo ocupado que estés, esto es algo que necesitas hacer varias veces al día para adiestrar adecuadamente a tu Chihuahua. No le gustará estar solo, y este es el período de tiempo en el que realmente puede comenzar a entender las reglas y límites. Puedes adiestrarlo a lo largo de toda su vida, pero lo que le enseñes ahora tendrá un gran efecto en lo bien que pueda adiestrarlo a medida que madura y después. Recuerda, esta es la base para todo el adiestramiento posterior de tu cachorro.

Comienza a enseñarle trucos al cachorro lo antes posible también. Esto no solo mantiene la mente de tu Chihuahua trabajando, sino que puede ayudarles a crear un vínculo. Es una forma extraordinariamente agradable de involucrar al Chihuahua en estimulación física y mental que reducirá la tendencia a masticar y destruir todo lo que esté cerca.

A los Chihuahuas les encanta estar contigo, y tu cachorro querrá impresionarte con lo que puede hacer. Llevarlo a lugares para explorar y estar activo es el pináculo de la mejor vida para un Chihuahua. Jugar con tu cachorro proporciona un entorno seguro y divertido para aprender a comportarse. Tu dedicación ahora equivaldrá a un compañero adorable, cariñoso y leal durante mucho tiempo.

CAPÍTULO 11.
Convivencia con Otros Perros

Los cachorros de Chihuahua tienen muchas más probabilidades de llevarse bien con tu perro o perros actuales que un Chihuahua adulto. Esto no significa que aceptarán completamente a tus otros perros, pero puedes considerarlo como una manera fácil de comenzar a socializarlos una vez que tu cachorro haya recibido todas las vacunas necesarias.

Los Chihuahuas prefieren tener compañía, pero la mayoría de los criadores recomiendan tener otro Chihuahua porque aman a otros Chihuahuas tanto como aman a sus dueños. Kathy Golden de Kactus Kathy's Chihuahuas lo explica bien: "Los Chihuahuas tienden a ser exclusivistas y no son aficionados a otras razas, especialmente a los perros grandes". Si tú ya tienes un perro, esto puede ayudar a tu Chihuahua a comenzar a superar esos prejuicios. Sin embargo, deberás proceder de la manera correcta para permitir que tu Chihuahua y tu perro se sientan cómodos el uno con el otro.

Foto cortesía de
Karen Moore

Presentando a Tu Nuevo Cachorro

Las presentaciones deben comenzar en un lugar neutral porque tu perro puede sentirse territorial. Un terreno neutral hará que tu perro se sienta más a gusto con el nuevo cachorro, ya que el nuevo Chihuahua no está invadiendo el espacio de tu perro. No importa qué tipo de cachorro sea, esto siempre es cierto cuando se introduce un nuevo perro en tu hogar.

A medida que tu cachorro y perro (o perros) comiencen a sentirse cómodos el uno con el otro, pueden empezar a regresar a casa. Cuando todos entren juntos al hogar, ya existirá cierta familiaridad entre tu cachorro y el resto de tu manada.

Este sentido de familiaridad no es un vínculo inseparable. Deberás mantener al cachorro y a sus otros perros separados cuando tú no estés presente. El cachorro debe tener un espacio donde solo él o ella pueda descansar. Esto formaba parte del trabajo preparatorio inicial, así que para cuando tu cachorro llegue al hogar, esta área ya debería estar establecida.

No debe haber nada en el área del cachorro que pertenezca a sus otros perros. No tener un área separada puede crear tensiones innecesarias y problemas que probablemente no se resolverán pacíficamente. Tu Chihuahua querrá morder todo, y el concepto de posesiones aún no significa nada para él. Sin embargo, tu perro lo verá como un desafío a su lugar, y puede actuar en consecuencia. Esto también es cierto cuando tu cachorro está fuera del área designada. Debes asegurarte de que no haya nada que pertenezca a tu otro perro al alcance del cachorro. Todo lo que tienes que hacer es guardar los juguetes cuando sea el momento de que el cachorro juegue.

La hora de la comida debe realizarse en diferentes lugares de la casa. La comida es una de las mayores causas de celos, y tú no quieres ningún tipo de tensión innecesaria entre tu cachorro y sus mascotas actuales. Puede ser posible acercar los platos más adelante para facilitar la hora de la comida, pero al menos al principio debe mantenerlos separados.

Los perros se ponen celosos cuando ven a sus dueños dando atención a otros perros, incluso a los cachorros. Estate preparado para esto cuando traigas al cachorro a casa. Deberás asegurarte de que tu perro continúe teniendo tiempo a solas contigo para que no sienta que el cachorro es un reemplazo. Asegúrate de tener reglas y horarios ya establecidos para poder darle a tu otro perro suficiente atención diariamente. Deberás ser firme y consistente tanto con tu cachorro como con tu perro más antiguo.

*Foto cortesía de
Joanna Elliker*

Uno de los mayores beneficios de tener un perro es que muy probable que comience automáticamente a regañar a tu cachorro cuando este se porte mal. Tu perro no va a sentir el mismo arrebato de adoración al mirar al cachorro, lo que lo convierte en un gran mentor y maestro para el cachorro de Chihuahua. Si bien no puedes depender del perro para que sea el entrenador principal de tu Chihuahua, sí ayuda al cachorro a entender dónde está en la manada y que ciertos comportamientos no son aceptables. Debes permitir que tu perro haga las reprimendas, pero asegúrate de que el cachorro no esté siendo lastimado. Pensar en tu perro como una niñera puede ayudarte a establecer el equilibrio adecuado en cómo interactúan el perro y el cachorro.

Si tu perro no asume un papel como este, también está bien. No quieras forzar un rol a tu perro con el nuevo cachorro. Los caninos lo resolverán si tú les das tiempo y los supervisas hasta que se establezca.

Mentalidad de Perro de Interior

Dado que los Chihuahuas no pueden salir sin supervisión, son una de las pocas razas que permanecen en el interior la mayor parte de sus vidas. Esto les da una perspectiva diferente del mundo. También puede hacerlos un poco más protectores de su espacio si no están adecuadamente socializados. Si ya tienes un perro, este puede ayudar a tu Chihuahua a sentirse más cómodo, pero también podría ser problemático si dejas salir a tu perro, pero no al Chihuahua. No solo el Chihuahua podría ponerse celoso de los olores que no está experimentando, sino que tu perro podría ponerse celoso por tener que salir bajo la lluvia, el aguanieve u otro clima desagradable. Deberás estar atento a esto para mantener la paz entre tus perros. Tu Chihuahua tendrá una comprensión muy diferente del mundo, ya que la mayor parte de su larga vida la pasará dentro del hogar.

Mordidas, Peleas y Control de la Ira del Cachorro

Foto cortesía de Tasha Snitch

Los cachorros son difíciles de manejar por muchas razones, pero este puede ser uno de los problemas más desafiantes al tratar con un perro joven. Los Chihuahuas son conocidos por tener un temperamento bastante equilibrado, pero debes vigilar al cachorro cuando es joven. Habrá momentos en que el cachorro no esté contento, y el resultado puede ser mordiscos y arremeter contra tu otro perro. Esto es bastante probable cuando tu cachorro de Chihuahua alcanza el tamaño adulto.

Ser firme y consistente es la única manera de lidiar con este problema.

Un Chihuahua sin entrenar puede ser un perro bastante monstruoso. Esta es una raza que requiere entrenamiento para combatir el impulso de obligar a otros perros a hacer las cosas de cierta manera.

Debes pasar mucho tiempo con el cachorro para poder entender cuándo está jugando y cuándo está molesto. Cuando detectes un comportamiento agresivo (no solo juego), debes intervenir inmediatamente y enseñarle a tu Chihuahua que este es un comportamiento inaceptable.

Comenzar el entrenamiento en una etapa muy temprana puede ayudarte a ver cuándo tu cachorro está jugando y cuándo el comportamiento va un poco más allá de ser juguetón.

Criando Varios Cachorros a la Vez

Dado que muchos criadores recomiendan tener más de un Chihuahua a la vez, puedes decidir adelantarte y obtener más de un cachorro al principio. Criar un cachorro es casi un trabajo a tiempo completo, pero hay quienes se dedican a criar dos a la vez. Si deseas criar dos cachorros de Chi-

huahua al mismo tiempo, definitivamente te enfrentarás a un desafío. Estos perros no son tontos, y cuando juntan sus cerebros, te resultará difícil superarlos en astucia. Tendrás que trabajar realmente para lograr que se comporten como tú quieres una vez que alcancen la madurez.

Una de las primeras cosas que notarás que desaparece es tu vida personal. Vas a estar atendiendo a tus cachorros la gran mayoría de tu día. Esto es absolutamente esencial si no quieres tener el doble de destrucción en tu hogar.

Primero, debes pasar tiempo con ellos juntos, y tendrás que darle a cada uno tiempo a solas contigo. No son el mismo perro, así que no puedes tratarlos de esa manera. Cada cachorro tendrá diferentes fortalezas y debilidades. Pasar tiempo con ellos juntos es fácil, pero también debes dedicar tiempo a cada uno por separado. Será un desafío, especialmente cuando uno lloriquea mientras juegas con el otro. Una de las mejores maneras de lidiar con esto es que alguien más juegue con el otro cachorro, y luego cambiar. Esto mantiene a ambos cachorros felizmente ocupados para que no se pongan celosos el uno del otro.

Así como es probable que tu cachorro pelee con un perro mayor, los cachorros de Chihuahua casi con certeza comenzarán a pelear cuando tengan entre tres y seis meses de edad. Están estableciendo cuál de ellos es el perro dominante, y eso está bien. Solo debes asegurarte de que entiendan que tú eres el alfa de la manada para que no comiencen a cuestionar tu autoridad sobre ellos.

Así como debes minimizar las distracciones de los cachorros (y ellos serán tus peores distracciones), debes minimizar las tuyas propias. Si estás preparando su comida, debes mantenerte concentrado en eso hasta que los cachorros estén comiendo. Si te estás preparando para un paseo, tan pronto como les pongas las correas, sal por la puerta. Los cachorros están observando y aprendiendo, así que muéstrales cómo mantenerse enfocados y seguir adelante. Si no lo haces, no tendrás a nadie más que culpar cuando comiencen a ponerse alborotados e inmanejables mientras esperan. Después de todo, tú los emocionaste con la comida o el paseo, solo para dejarlos esperando. Los perros no entienden el concepto de paciencia, pero con toda esa emoción ahora contenida y lista para estallar, tú serás quien sufra por no seguir adelante con la siguiente actividad.

Recuerda, su mal comportamiento es realmente un reflejo de cómo los has entrenado. Si constantemente les exiges que se concentren durante el entrenamiento, pero tú no te concentras en realizar tareas con ellos, ambos cachorros lo notarán. Sé consistente y enfocado para evitar muchos problemas innecesarios con tus cachorros.

Si encuentras que no puedes decidir si quieres un segundo Chihuahua, puedes obtener un cachorro de Chihuahua y uno de otra raza. Es muy probable que descubras que los perros terminan siendo bastante similares, destacando cómo el entrenamiento, el entorno y la atención juegan un papel importante en cómo crece el cachorro. O puede descubrir que tus dos perros tienen personalidades muy diferentes y distintas. Es ciertamente un experimento interesante que puede darte algo que observar durante años. Y te dará una comprensión mucho mejor de la raza.

Foto cortesía de
Claire Borg

CAPÍTULO 12.
Adiestramiento de tu Cachorro Chihuahua

Los Chihuahuas son capaces de comprender las cosas mucho más rápido que algunos perros pequeños. A pesar de tener mucha energía y deseos de disfrutar su tiempo contigo, adiestrar a un Chihuahua probablemente será más fácil que con muchas otras razas pequeñas (aunque no tan fácil como con perros de trabajo y razas realmente inteligentes). Es posible que tengas que trabajar con su carácter obstinado, ya que los Chihuahuas pueden ser tercos. Sin embargo, con un enfoque firme y constante, tu Chihuahua aprenderá a respetarte y a escucharte.

Trabajar con un cachorro adorable y enérgico puede resultar agotador. Al asegurarte de seguir algunas acciones específicas, descubrirás que tu Chihuahua captará el adiestramiento mucho más rápido. Ten en cuenta que adiestrar a tu cachorro es un compromiso a largo plazo. Incluso si tu Chihuahua no es rebelde, el cachorro probablemente solo quiere divertirse. Tu cachorro no querrá hacerte enojar enojar, pero las súplicas suaves y los ojos de cachorro pueden ser muy efectivos, y los Chihuahuas aprenderán esto, especialmente si tú cedes durante una sesión de adiestramiento.

Foto cortesía de Carrie- Anne Selwyn

Debido a lo pequeño que es el perro, incluso como adulto, muchas personas siempre considerarán a tu Chihuahua como un cachorro – es increíblemente difícil no pensar de esa manera. Si consideras lo inteligente que es tu Chihuahua, en realidad le estás haciendo un gran perjuicio a tu cachorro al no adiestrarlo lo antes posible. Los perros inteligentes necesitan usar su cerebro para evitar el aburrimiento y el comportamiento destructivo.

Firmeza y Constancia

Hay muchas ocasiones en la vida en las que sentirás que algo está "suficientemente cerca". Esto nunca es una buena idea con un perro inteligente. Él estudiará a sus personas y encontrará formas de conseguir lo que quiere con el menor esfuerzo posible. El deseo de complacerte seguirá motivando a un Chihuahua, pero si tú estás dispuesto a ceder un poco, tu cachorro lo aprovechará y verá hasta dónde puede presionarte. Las excepciones y la indulgencia son percibidas por tu cachorro como oportunidades de tener cierto control sobre la situación, y eso no es algo que tú quieras que aprenda cuando es joven. Solo haces que sea mucho más difícil lograr que te tome en serio más adelante.

Mantener un enfoque constante y firme durante el adiestramiento hará la vida más fácil para ti y tu cachorro. Incluso si estás cansado al final de un largo día de trabajo, debes hacer cumplir las reglas. No importa cuán adorable o amistoso esté siendo tu cachorro, debes asegurarte de que todas las reglas que has estado enseñando permanezcan firmemente establecidas. Si no te sientes con ánimo, pide a un miembro de la familia que realice el adiestramiento. Si no tienes a nadie que te ayude, puedes cambiar un poco el adiestramiento para hacerlo más agradable. Está bien cambiar las cosas si estás pasando por un momento difícil, siempre y cuando te mantengas constante. Interactuar con tu Chihuahua puedes hacer que la experiencia sea mucho más agradable, e incluso puede animarte. La constancia y la firmeza no significa que tengas que hacer lo mismo todo el tiempo. Solo necesitas asegurarte de que tu cachorro entienda que tú estás a cargo y que no hay negociación al respecto. Esto mantendrá a tu cachorro en el camino correcto para ser un gran compañero en lugar de un pequeño dictador.

Si todos en tu familia participan en el adiestramiento, debes asegurarte de que todos estén en sintonía. Stephanie Lucas de Lucas Chihuahuas dice: "Sé constante. Enseña a todos en la familia a usar las mismas palabras y diles que no las pronuncien a menos que tengan tiempo para cumplir con lo que implican. Si dices 'afuera', ellos salen. No es una pregunta. Un perro bien adiestrado es un perro amado y menos propenso a ser entregado a una perrera algún día".

En última instancia, el éxito de tu Chihuahua es tu propio éxito. Todo lo que tu perro aprende a hacer con éxito es porque tú fuiste firme y constante cuando llegó el momento de adiestrarlo.

Ganar Respeto Temprano

Foto cortesía de Ramona Kleespies

Ser firme y constante en tu enfoque de adiestramiento comenzará a ganarle respeto de tu pequeño canino desde el principio de tu relación. Esto es algo que deberás seguir construyendo con el tiempo. Sin respeto, tu Chihuahua pensará que tú no hablas en serio, y comenzará a tratar de salirse con la suya. Mientras seas firme y constante, el respeto debería ser una parte natural del vínculo. Eso significa que no puedes realizar múltiples tareas mientras adiestras a tu cachorro, o incluso cuando solo estás jugando con él. El Chihuahua quiere toda tu atención y encontrará la manera de obtenerla, incluso si eso significa romper las reglas para llamar tu atención.

El refuerzo positivo es la mejor manera de ganar respeto, particularmente si utilizas la interacción positiva. Jugar y adiestrar a tu cachorro todos los días ayuda a construir una relación saludable y positiva que enseñará a tu cachorro dónde encaja en la manada. Tu cachorro aprende que es parte de la familia, pero que tú eres quien está a cargo.

Fundamentos del Condicionamiento Operante

El condicionamiento operante es el término científico para acciones y consecuencias. Lo que debes hacer es proporcionar a tu cachorro Chihuahua las consecuencias adecuadas para cada comportamiento.

La mejor manera de utilizar el condicionamiento operante es a través del refuerzo positivo, particularmente porque el Chihuahua está tan apegado a las personas. Este tipo de adiestramiento es más efectivo con perros de trabajo y perros que tienen una larga historia con las personas porque quieren complacer a sus dueños. Quieren trabajar contigo y cumplir sus tareas. Saber que están haciendo algo bien hace mucho más para fomentar tu comportamiento que saber cuándo hacen algo mal. Con tanta energía, podrán seguir intentándolo hasta que lo hagan bien.

Hay dos tipos de refuerzos para el condicionamiento operante:

- Refuerzos primarios
- Refuerzos secundarios

Utilizará ambos durante el adiestramiento de tu Chihuahua.

Refuerzos Primarios

Un refuerzo primario le da a tu perro algo que necesita para sobrevivir, como comida o interacción social. Ambos pueden ser efectivos para adiestrar a tu Chihuahua – le encanta pasar tiempo contigo y puede estar feliz de recibir premios. Eso es exactamente lo que hace que los premios sean tan efectivos durante el adiestramiento.

Inicialmente, dependerás de los refuerzos primarios ya que no tienes que enseñar a tu Chihuahua a disfrutarlos. Sin embargo, debes mantener un equilibrio. La hora de comer y de jugar nunca deben negarse a tu cachorro, sin importar lo mal que se comporte. Estas cosas son esenciales para vivir, y tendrás que darle lo esencial – eso no es negociable. Son cosas como premios y tiempo extra de juego las que utilizas para reforzar el buen comportamiento.

Es preferible proporcionar demasiada atención y afecto que demasiados premios. Debido a su pequeña estatura, los Chihuahuas necesitan mantener una dieta bien equilibrada para estar saludables. Si dependes de los premios en lugar de la atención, te está preparando a ti mismo y a tu cachorro para problemas serios más adelante.

Refuerzos Secundarios

Tú utilizaste la repetición para volverte bueno en tus pasatiempos, deportes y otras actividades físicas – esto es refuerzo secundario. Sin duda, el experimento de Pavlov con perros es el ejemplo más reconocible de refuerzo secundario. Usando la campana, Pavlov enseñó a los perros de prueba que cuando sonaba la campana significaba que era hora de comer. Los perros comenzaron a asociar el sonido de una campana con la hora de la comida. Fueron condicionados para asociar algo

Foto cortesía de Rayne Music

con un refuerzo primario. Puedes ver esto en tu hogar cuando usas un abrelatas. Si tienes gatos o perros, probablemente vengan corriendo tan pronto como el abrelatas comience a funcionar.

Los refuerzos secundarios funcionan porque tu Chihuahua asociará el desencadenante con algo que se requiere. Esto hace que tu cachorro sea más propenso a hacer lo que tú le dices. Los perros que son enseñados a sentarse usando solo un premio reaccionarán automáticamente sentándose cuando tengas un premio en la mano. Ni siquiera esperarán a que les digas que se sienten. Saben que sentarse significa más comida, así que lo hacen automáticamente una vez que se establece esa asociación. Por supuesto, este no es el adiestramiento adecuado porque necesitan aprender a sentarse cuando tú dices "siéntate", y no cuando tiene un premio. Ese es el verdadero desafío.

Afortunadamente, es relativamente fácil adiestrar a un cachorro Chihuahua con el desencadenante correcto porque los Chihuahuas pueden ser tanto inteligentes como ansiosos por complacer. Aunque a tu cachorro le guste la comida, puede mostrarte que el desencadenante es la palabra, no la comida. Puedes captarlo mucho más rápido que muchas otras razas de perros.

También puedes usar juguetes y atención como una forma de conseguir que tu Chihuahua haga lo correcto. Si tienes un horario regular y estás dispuesto a cambiarlo un poco para darle a tu cachorro un poco más de atención por hacer algo bien, eso será tan efectivo como un premio porque adoran la atención. Puedes llevar al cachorro a un paseo extra, pasar un poco más de tiempo jugando con un juguete favorito, o tomarse un tiempo para acurrucarte con el cachorro.

A veces también se requiere castigo, pero debes tener mucho cuidado con cómo lo haces. Tratar de castigar a un Chihuahua puede ser complicado, pero negarle atención puede funcionar muy bien. Simplemente coloca a tu cachorro en un área cercada donde el Chihuahua pueda verte pero no pueda interactuar contigo. El pequeño gemirá y lloriqueará para hacerte saber que quiere salir. No cedas porque este es el castigo. Simplemente ignora a tu cachorro para enseñarle la lección sobre el comportamiento adecuado.

Los castigos deben ocurrir inmediatamente después del evento. Si tu Chihuahua mastica algo y tú no lo descubre hasta varias horas después, es demasiado tarde para castigar al cachorro. Lo mismo es cierto para las recompensas. Para reforzar el comportamiento, la recompensa o el castigo deben darse casi inmediatamente. Cuando elogies o castigues a tu cachorro, asegúrate de mantener contacto visual. También puedes tomar al cachorro por el cuello para asegurarte de mantener el contacto visual. No necesitarás hacer eso cuando estés elogiando a tu perro porque él o ella mantendrá automáticamente el contacto visual. Los Chihuahuas pueden estar absolutamente motivados al escuchar tus elogios.

Por Qué la Comida Es una Mala Herramienta de Refuerzo

La pequeña estatura del Chihuahua implica que la comida no es algo que debas usar con frecuencia como recompensa. A medida que tu Chihuahua envejece, su metabolismo se ralentizará, y dado que no puede dar largas caminatas, es difícil ayudarle a quemar las calorías extra. No se necesita mucho para que un Chihuahua tenga sobrepeso. Ten en cuenta que debería pesar solo alrededor de 2,7 kilogramos. Siendo el afecto y la atención motivadores tan exitosos, es mejor usarlos tanto como sea posible en lugar de acostumbrar a tu Chihuahua a recibir premios como recompensas. Usa los premios con moderación.

Otra razón para usar los premios con moderación es porque no quieres que tu cachorro responda principalmente cuando tú tienes comida. Si tu Chihuahua asocia el adiestramiento con premios, puedes tener

Foto cortesía de Barbara Pendergrass Rafina Chihuahuas

dificultades para adiestrar a tu Chihuahua a escucharte sin ellos. Dada la dificultad que puede tener un Chihuahua para aprender a hacer sus necesidades en el lugar adecuado, realmente no querrás que solo lo haga cuando tenga premios. Si tu cachorro aprende a hacer lo que tú dices, este tipo de problemas deberían reducirse.

Los premios pueden usarse en las primeras etapas cuando el metabolismo de tu cachorro es alto y no ha sido condicionado para responder al refuerzo secundario. Esto te dará algo para ayudar a tu cachorro a aprender a concentrarse mientras lo adiestras para entender otros incentivos. No debería tomar mucho tiempo antes de que puedas comenzar a alejarte de los premios como herramienta de refuerzo. Los premios también son la mejor manera de adiestrar ciertos tipos de comportamiento, como darse la vuelta. Tu cachorro seguirá automáticamente el premio, lo que facilita entender lo que tú quieres decir.

Los premios también son mejores para las órdenes iniciales (sentarse, quedarse quieto y soltar). Tu perro aún no entiende las palabras, y rápidamente hará la conexión entre lo que tú estás diciendo y por qué se le ofrece el premio. "Soltar" es muy difícil de enseñar sin premios porque no hay incentivo para soltar algo si tu cachorro realmente quiere el objeto que ya tiene en la boca. Los premios son algo que hará que el cachorro suelte lo que tiene en la boca cuando la atención y el deseo se centran en la comida.

Pequeños Pasos hacia el Éxito

Las primeras semanas, o tal vez incluso los primeros meses, son un tiempo con una curva de aprendizaje muy pronunciada. Tu cachorro no va a entender lo que estás haciendo al principio mientras tratas de convencer a tu pequeño Chihuahua de usar el baño en cierta área. La mejor manera de adiestrar al cachorro es darte cuenta de que necesitas comenzar despacio – no comiences con expectativas de que tu cachorro aprenderá a hacer sus necesidades en una semana (eso no sucederá). Tu cachorro debe aprender la rutina diaria (que tú estarás haciendo al mismo tiempo). Una vez que el horario y el entorno sean menos emocionantes, tu Chihuahua tendrá más facilidad para concentrarse durante las sesiones de adiestramiento.

El adiestramiento debe comenzar desde el día 1. Aunque tu cachorro recién está conociendo el entorno, debes comenzar a establecer algunas de las reglas. A medida que tu cachorro se familiariza contigo y el entorno, puedes enseñarle al Chihuahua sobre su área y que la jaula es para dormir. Aprender a entrar en la jaula cuando se le ordena tiene algunos beneficios obvios, particularmente si sale de casa todos los días. Es entonces cuando comienzas a usar premios para adiestrar al cachorro a entrar en la jaula y realizar otras actividades básicas.

Comenzar desde el día 1 no significa tratar de hacer todo – debes comenzar poco a poco. Dale premios por pequeñas cosas que tu cachorro podría hacer de todos modos, como explorar la jaula. Una vez que tu Chihuahua comience a entender el sistema de recompensas, el adiestramiento comenzará a ser más fácil.

Opciones de Adiestramiento

Los Chihuahuas pueden ser muy difíciles porque son adorables y buenos para conseguir lo que quieren. Puede ser mucho más difícil ser lo suficientemente fuerte para hacer cumplir tus reglas. Tener un adiestrador puede ayudarles tanto a ti como a tu Chihuahua. El adiestrador puede informarte dónde estás equivocándote y ayudar a tu cachorro a aprender lo básico.

Si tienes un Chihuahua adulto, querrás considerar conseguir un adiestrador para cualquier problema actual, particularmente agresión y malos hábitos de higiene. Tu adiestrador puede ayudar a corregir los problemas, mostrándote cómo hacerlo sin abordarlo de manera incorrecta. Los Chihuahuas son una raza única, por lo que a menos que tengas experiencia en el adiestramiento de perros, conseguir un adiestrador puede ser muy beneficioso.

CAPÍTULO 13.
Comandos Básicos

Foto cortesía de
Shayla -Tiah Winch

No todos los Chihuahuas son buenos aprendiendo trucos, pero si comienzas cuando tu Chihuahua es un cachorro, tienes garantizado que al menos los conceptos básicos quedarán grabados en su mente. Kathy Golden de Kactus Kathy's Chihuahuas recomienda comenzar temprano: "No son más difíciles de adiestrar que otras razas. ¡Comienza el adiestramiento temprano!". Si has visto Chihuahuas mal comportados, es señal de que sus dueños no se molestaron en adiestrarlos, no de que sean malos perros. Considerando lo inteligentes que son muchos de ellos, dedicar tiempo a su adiestramiento puede ser algo que disfruten juntos, actuando como un dúo cómico durante años. Si no comienzas temprano, tu Chihuahua no te tomará tan en serio porque no está acostumbrado a seguir órdenes.

También existe una muy buena posibilidad de que tu Chihuahua se convierta en todo un pequeño artista. Muchos de ellos son bastante inteligentes, por lo que adiestrarlos para hacer más cosas puede ayudar a evitar que se aburran. También aumenta significativamente las probabilidades de que tu Chihuahua pueda aprender trucos más avanzados posteriormente. Al establecer la relación de adiestramiento desde el principio, tu Chihuahua aprenderá a escuchar y entender qué acciones resultarán en esas deliciosas recompensas.

Por qué su Tamaño, Longevidad y Personalidad los Convierten en Compañeros Ideales

El adiestramiento es algo muy divertido con un Chihuahua. Pueden ser increíblemente inteligentes, y adiestrarlos los hace aún más divertidos para pasar tiempo juntos. Cuando están adecuadamente adiestrados, pueden ser uno de los mejores compañeros porque pueden viajar contigo a cualquier lugar. Dado que pueden vivir hasta 20 años, un adiestramiento completo durará muchísimo tiempo, haciendo que sea muy divertido simplemente relajarse o mostrar lo inteligente que es tu pequeño amigo. Si un Chihuahua está bien adiestrado, las personas a tu alrededor disfrutarán viendo a tu compañero de tamaño portátil exhibir esa aguda inteligencia. Como pueden acompañarte prácticamente a cualquier parte, el adiestramiento rápidamente dará sus frutos mientras tú y tu mejor amigo comparten algunas de las lecciones más memorables. Si tu Chihuahua no está adiestrado, será mucho más difícil llevarlo a lugares, ya que estará celoso de los extraños y es mucho más probable que sea agresivo. No resulta gracioso cuando, siendo adultos, ladran a las personas mientras tú solo intenta disfrutar de un poco de tiempo fuera de casa.

Elegir la Recompensa Adecuada

Uno de los aspectos más interesantes de tener un Chihuahua es determinar la recompensa adecuada. Tú querrás mantener las golosinas al mínimo, pero eso no debería ser un problema con un Chihuahua, ya que hay muchas otras cosas que pueden motivarlo. Las golosinas pueden ser un buen punto de partida, pero necesitarás cambiar rápidamente a algo que sea un refuerzo secundario. Los elogios, tiempo adicional de juego y caricias extras son recompensas fantásticas para los Chihuahuas, ya que les importa cómo te sientes tú y tu reacción hacia ellos. Sentarte a ver una película y permitir que el cachorro se siente contigo será una gran recompensa después de una intensa sesión de adiestramiento. No solo tu cachorro aprendió, sino que ambos ahora pueden relajarse y disfrutar de estar tranquilos juntos.

Si comienzas a ganarte el respeto de tu Chihuahua, esto puede utilizarse para ayudar a adiestrar a tu perro. Al final de cada sesión, brinda a tu cachorro atención extra o un agradable paseo para demostrar lo complacido que estás con el progreso que se ha logrado.

Adiestramiento Exitoso

El adiestramiento consiste en aprender los comandos. Si tu Chihuahua aprende a responder solo a las recompensas (como el perro que se sienta tan pronto como tú tienes una golosina en la mano), el adiestramiento no fue exitoso.

Ganarse el respeto de tu perro es generalmente la clave para ser un adiestrador exitoso, pero con un Chihuahua también significa plena atención de su parte – tú tienes toda la atención del cachorro durante una sesión de adiestramiento. A medida que tú y tu Chihuahua trabajan juntos, tu perro llegará a respetarte (siempre y cuando te mantengas consistente y firme). No esperes respeto en los primeros días de adiestramiento porque tu cachorro no tiene la comprensión o la relación necesaria para entenderlo. Afortunadamente, tu inteligencia comenzará a manifestarse temprano, facilitando ver cuándo empiezan a responder a ti en lugar de solo a la recompensa. Este es el momento en que puedes comenzar a cambiar a recompensas que sean divertidas en lugar de aquellas centradas en golosinas y comida.

Incluso al principio, necesitas hacer que el manejo y las caricias sean parte de la recompensa. Aunque tu perro no lo comprenda completamente por lo que es, tu Chihuahua comenzará a entender que las golosinas y las caricias son ambos tipos de recompensas. Esto facilitará el cambio de golosinas a un sistema de recompensas más basado en la atención. Asociar el manejo y las caricias como algo agradable también

animará a tu cachorro a ver el tiempo de juego como una gran recompensa. No importa cuánto les guste comer, ser entretenidos y jugar contigo será una recompensa bienvenida, ya que significa que el cachorro no está solo o aburrido.

Comandos Básicos

Para el Chihuahua, hay cinco comandos básicos que debes enseñarle, y que probablemente querrás comenzar a entrenar a tu cachorro para que los entienda. Estos comandos son la base para una relación feliz y agradable a medida que tu Chihuahua aprende cómo comportarse. Para cuando tu cachorro aprenda los cinco comandos, el propósito del adiestramiento será claro para tu Chihuahua. Eso hará mucho más fácil adiestrarlo en conceptos más complejos.

También debes adiestrar al cachorro en el orden de la lista. Sentarse es un comando básico, y sentarse es algo que todos los perros, incluido tu Chihuahua, ya hacen. Enseñar "suéltalo" y cómo ladrar menos son ambos difíciles y luchan contra los instintos y deseos de tu perrito Chihuahua. Les tomará más tiempo aprender que los otros comandos, por lo que querrás tener las herramientas necesarias ya establecidas para aumentar tus probabilidades de éxito.

Aquí hay algunas pautas básicas a seguir durante el adiestramiento.

- Todos en el hogar deben ser parte del adiestramiento del Chihuahua porque necesita aprender a escuchar a todos en la casa, y no solo a una o dos personas.

- Para comenzar, selecciona un área donde tú y tu cachorro no tengan distracciones, incluido el ruido. Deja tu teléfono y otros dispositivos fuera de alcance para mantener tu atención en el cachorro.

- Mantente feliz y entusiasmado con el adiestramiento. Tu cachorro captará tu entusiasmo y se concentrará mejor debido a ello.

- Comienza a enseñar "sentado" cuando tu cachorro tenga alrededor de ocho semanas de edad.

- Sé consistente y firme mientras enseñas.

- Trae una golosina especial a las primeras sesiones de adiestramiento, como pollo o queso.

Una vez que estés preparado, puedes comenzar a trabajar y crear vínculos con tu lindo Chihuahua.

Siéntate

Una vez que te instales en tu tranquilo lugar de adiestramiento con la golosina especial, comienza el adiestramiento. Es relativamente fácil adiestrar a tu perro para que obedezca este comando. Espera hasta que tu cachorro comience a sentarse y diga "siéntate" mientras él o ella se sienta. Si tu cachorro termina de sentarse, comienza a elogiarlo por ello. Naturalmente, esto hará que tu cachorro se emocione mucho y se mueva, por lo que puede tomar un poco de tiempo antes de que quiera sentarse de nuevo. Cuando llegue el momento y el cachorro comience a sentarse nuevamente, repite el proceso.

Va a tomar más de un par de sesiones para que el cachorro conecte completamente sus palabras con las acciones. De hecho, podría tomar un poco más de una semana para que tu cachorro lo entienda. Los Chihuahuas son inteligentes, pero a esta edad todavía hay tanto que aprender que el cachorro tendrá dificultades para concentrarse. Los comandos son algo completamente nuevo para tu pequeño compañero. Sin embargo, una vez que tu cachorro comprenda tu intención y domine "siéntate", los otros comandos probablemente serán un poco más fáciles de enseñar.

Una vez que tu cachorro haya demostrado dominio sobre "siéntate", es hora de comenzar a enseñar "échate".

Échate

Repite el mismo proceso para enseñar este comando que utilizaste para "siéntatee". Espera hasta que el cachorro comience a acostarse, luego di la palabra. Si el Chihuahua completa la acción, ofrece su recompensa favorita.

Probablemente tomará un poco menos de tiempo enseñar este comando después de comenzar a adiestrarlo.

Espera hasta que tu cachorro haya dominado "échate" antes de pasar a "quieto".

Quieto

Este comando va a ser más difícil ya que no es algo que tu cachorro haga naturalmente. Estate preparado para que "quieto" tome un poco más de tiempo de adiestrar. También es importante que tu perro haya dominado y responda consistentemente a sentarse y echarse antes de comenzar a enseñar quieto.

Elije cuál de estos dos comandos quieres usar para comenzar, y luego deberás ser consistente. Una vez que tu perro entienda "quieto" para cualquiera de las posiciones (sentado o echado), puedes adiestrar con el segundo comando. Solo asegúrate de que la primera posición esté dominada antes de intentar la segunda.

Dile a tu cachorro que se siente o se eche. Mientras lo haces, coloca tu mano frente a la cara del cachorro. Espera hasta que deje de intentar lamer tu mano antes de comenzar de nuevo.

Cuando el cachorro se calme, da un paso alejándote del Chihuahua. Si tu cachorro no se mueve, di "quieto" y dale al cachorro la golosina y algunos elogios por quedarse quieto.

Dar la recompensa a tu cachorro indica que el comando ha terminado, pero también necesitas indicar que el comando está completo. El cachorro tiene que aprender a quedarse quieto hasta que tú digas que está bien dejar el lugar. Una vez que des el permiso para moverte, no des golosinas. "Ven" no debe usarse como la palabra de permiso, ya que es un comando utilizado para otra cosa.

Repite estos pasos, alejándote más del cachorro después de un comando exitoso.

Una vez que tu cachorro entienda "quieto" cuando tú te alejas, comienza a adiestrarlo para que se quede quieto incluso si tú no te estás moviendo. Extiende la cantidad de tiempo requerido para que el cachorro permanezca en un lugar para que entienda que "quieto" termina con el comando de permiso.

Cuando sientas que tu cachorro ha dominado "quieto", comienza a adiestrar al cachorro para que venga.

Ven

Este es el último en la serie de comandos, ya que no puedes enseñar este hasta que el cachorro haya aprendido los comandos anteriores. Los dos primeros comandos no requieren que el cachorro conozca otros comandos para comenzar (es solo más fácil adiestrar si el cachorro ya tiene una comprensión de qué son los comandos y cómo se espera que reaccione a ellos).

Foto cortesía de Cheryl Grange

Antes de comenzar, decide si quieres usar "ven" o "ven aquí" para el comando. Necesitarás ser consistente en las palabras que uses, así que asegúrate de planificarlo para usar intencionalmente el comando correcto cada vez.

Pon la correa al cachorro.

Dile al cachorro que se quede quieto. Aléjate del cachorro.

Di el comando que usarás para "ven" y da un suave tirón de la correa hacia ti. Siempre y cuando no hayas usado el término para indicar que el comando "quieto" había terminado, tu cachorro comenzará a entender el propósito de tu nuevo comando. Si usaste el término para indicar el final de "quieto", confundirás a tu cachorro porque la Chihuahua asociará el comando con poder moverse libremente.

Repite estos pasos, aumentando la distancia entre tú y el cachorro. Una vez que el cachorro parezca entenderte, quita la correa y comienza a una distancia corta. Si tu cachorro no parece entender el comando, da algunas pistas visuales sobre lo que deseas. Por ejemplo, puedes dar palmaditas en su pierna o chasquear los dedos. Tan pronto como tu cachorro venga corriendo hacia ti, ofrezce una recompensa.

Suéltalo

Este va a ser uno de los comandos más difíciles que enseñarás a tu cachorro porque va en contra tanto de los instintos como de los intereses de tu cachorro. Tu cachorro quiere quedarse con lo que tiene, por lo que tendrás que ofrecer algo mejor. Sin embargo, es esencial enseñarlo temprano, ya que tu Chihuahua va a ser muy destructivo en los primeros días. Tú quieres establecer el mecanismo para convencer al cachorro de que suelte las cosas.

Es posible que necesites comenzar a enseñar este comando fuera del área de adiestramiento, ya que tiene un punto de partida diferente.

Comienza cuando tengas tiempo para dedicarte a la lección. Debes esperar hasta que el cachorro tenga algo en su boca para soltar. Los juguetes suelen ser lo mejor. Ofrece al cachorro una golosina especial. Cuando el Chihuahua suelte el juguete, di "suéltalo" y entrega la golosina.

Este será uno de esos raros momentos en los que debes usar una golosina porque tu cachorro necesita algo mejor para que se convenza de soltar el juguete. Por ahora, tu cachorro necesita ese incentivo, algo más tentador que lo que ya tiene antes de que pueda aprender el comando.

Este será uno de los dos comandos que tomará más tiempo enseñar (siendo "silencio" el otro). Prepárate para ser paciente con tu cachorro.

Una vez que tu cachorro lo entienda, comienza a enseñar "suéltalo" con comida. Esto es increíblemente importante porque podría salvar la vida de tu perrito. Es probable que se lancen hacia cosas que parecen comida cuando salen a caminar, y al estar tan cerca del suelo, probablemente verán muchas cosas que parecen comida mucho antes que tú. Este comando les hace soltar lo que estén masticando antes de ingerirlo.

Silencio

Al principio, también puedes usar golosinas con moderación para reforzar "silencio". Si tu cachorro está ladrando sin razón aparente, dile al cachorro que guarde silencio y coloque una golosina cerca. Es casi seguro que el perro se callará para olfatear la golosina, en cuyo caso, di "buen perro" o "muy bien". No tomará demasiado tiempo para que tu cachorro entienda que "silencio" significa no ladrar. Sin embargo, puede tomar un tiempo para que tu cachorro aprenda a luchar contra el impulso de ladrar. Sé paciente con tu cachorro porque es difícil dejar de hacer algo que hace naturalmente. ¿Cuánto tiempo te tomó a ti aprender a levantarte temprano en la mañana o acostarte a cierta hora? Es similar para un Chihuahua aprender a no ladrar.

Hacia Dónde Ir Desde Aquí

Estos son todos los comandos que probablemente necesitarás con tu Chihuahua. Sin embargo, si quieres que tu Chihuahua haga trucos, puedes ir prácticamente a cualquier parte desde aquí. Estos comandos son la base del adiestramiento, y el Chihuahua es capaz de aprender mucho más. Solo asegúrate de que los trucos que enseñes a tu Chihuahua no sean demasiado estresantes para él. A medida que tu cachorro crece, puedes comenzar a enseñar trucos que destaquen su agilidad. "Buscar" y otros trucos interactivos serán ideales porque tu Chihuahua querrá hacerlos.

CAPÍTULO 14.
Nutrición

Con un peso saludable de aproximadamente 2,7 kilogramos para un Chihuahua, tú sabes que no puedes darle a tu Chihuahua mucha comida extra. No puede salir a correr para quemar calorías en el patio como un perro más grande, y sus patitas no le permitirán dar paseos de una hora. El hecho de que sea fácil satisfacer sus necesidades diarias de ejercicio es una de las razones por las que muchas personas eligen a los Chihuahuas como mascota. El problema es que, con un cuerpo tan pequeño, no se necesita mucha comida adicional para sobrealimentar a tu pequeño.

Sus necesidades dietéticas también son un poco diferentes a las de muchas otras razas. Según Linda Jangula de Chihuahuas Wee Love: "El Chihuahua no necesita una dieta con un contenido de proteínas tan alto como otras razas y, por supuesto, debe ser baja en grasas. A muchas les gusta mordisquear un trozo de manzana fresca, una rodaja de zanahoria cruda o incluso un pedazo de tallo de col rizada o berza para masticar".

La razón por la que se sugieren estos alimentos como premios es que son soluciones bajas en calorías para mantener saludable a tu

pequeño cachorro. Esos pequeños bocadillos y los trozos de pienso o galletas pequeñas para el adiestramiento pueden ayudarte a mantener a tu pequeño Chihuahua saludable. Asegurar que tu Chihuahua reciba el equilibrio nutricional adecuado es fundamental para una vida larga y feliz.

Por qué es importante una dieta saludable

Los Chihuahuas no son perros particularmente enérgicos, lo que significa que debes tener mucho cuidado en equilibrar sus hábitos alimenticios con sus niveles de ejercicio. Aunque le cuesta mucha más energía recorrer la misma distancia en un paseo, no lo sacarás con suficiente frecuencia como para compensar el exceso de comida o demasiadas calorías. Sobrealimentar a tu Chihuahua es increíblemente fácil porque no necesitas mucha comida antes de alcanzar sus necesidades calóricas diarias. Muchos de los trucos y actividades que realiza pueden gastar bastante energía, pero eso no significa que necesite mucha comida. Si tú tienes un horario muy ocupado, será demasiado fácil tener lapsos sustanciales en los niveles de actividad mientras estás en casa. Tu Chihuahua seguirá esperando la misma cantidad de comida, independientemente del nivel de actividad. Esto significa que probablemente comenzará a aumentar de peso, lo que será perjudicial para su salud.

Tú necesitas tener cuidado no solo con la cantidad de alimento que le das a tu Chihuahua durante las comidas, sino también con cuántos premios le ofreces a lo largo del día. Todos los alimentos deben ser considerados cuando se evalúa tanto la ingesta nutricional como la calórica. Debido a su diminuto cuerpo, debes estar consciente de aproximadamente cuántas calorías consume tu perro al día. Si notas que tu perro está aumentando de peso, podrás ajustar la cantidad de comida que come al día, o cambiar la alimentación por algo con más valor nutricional.

Los criadores también recomiendan que evites los alimentos elaborados con granos. Los granos pueden hacer que aumenten de peso más rápidamente. Si tienes tiempo, lo mejor es preparar las comidas de tu perro, o al menos proporcionar alimentos reales mezclados con su comida para perros.

Además de su tamaño, los Chihuahuas tienden a tener dientes muy delicados. Como señala Stephanie Lucas de Lucas Chihuahuas: "Dar alimento seco de alta calidad y huesos con médula desde la edad de cachorro ayudará". Al ser cuidadoso con su dieta, puedes ayudar a reducir los problemas dentales que tu Chihuahua tendrá.

Alimentos comerciales

Si tú eres uno de la mayoría de los padres de cachorros, asegúrate de comprar el mejor alimento para perros que puedas encontrar y costear. Tómate el tiempo para investigar cada una de tus opciones, particularmente el valor nutricional del alimento. Ten siempre en cuenta la pequeña estatura de tu perro, sus niveles de energía y su edad. Es posible que tu cachorro no necesite comida para cachorros tanto como otras razas (dado que no necesita tantas calorías), y la comida para perros mayores puede no ser la mejor opción para tu Chihuahua senior. Para proporcionar más nutrición, puedes mezclar algunos alimentos frescos con la comida procesada. Esto puede ayudar a complementar cualquier nutriente, además de ser una adición saludable a una comida que de otro modo sería completamente procesada. La adición de un poco de comida casera en cada comida hará que tu Chihuahua se emocione por comer.

Preparando su comida naturalmente en casa

Si deseas proporcionar las comidas más saludables posibles, debes planificar pasar de cinco a diez minutos adicionales en la cocina por cada comida que prepares para tu Chihuahua. Si regularmente preparsa su propia comida (desde cero, no con microondas o comida precocinada), realmente no toma mucho más tiempo proporcionar una comida igualmente saludable para tu pequeño compañero.

Teniendo en cuenta los alimentos que tu Chihuahua absolutamente no debe comer, puedes mezclar parte de la comida que preparas para ti en la comida de tu Chihuahua. Solo asegúrate de agregar un poco más de lo que tu Chihuahua necesita en el plato de comida del cachorro. Aunque tú y tu Chihuahua tienen necesidades dietéticas claramente diferentes, puedes adaptar sus alimentos para incluir nutrientes que tu perro necesita. No tomará mucho más tiempo adaptar una comida para ti y una versión ligeramente diferente para tu perro. Lee el Capítulo 5 para asegurarte de nunca darle a tu Chihuahua alimentos que podrían ser dañinos o mortales.

No alimentes a tu Chihuahua desde tu plato. Divide la comida, colocando la porción de tu perro en un recipiente para que tu canino entienda que tu comida es solo para ti. Las mejores comidas caseras deben planificarse con anticipación para que tu Chihuahua obtenga el equilibrio nutricional adecuado.

Típicamente, el 50% de la comida de tu perro debe ser proteína animal (pescado, aves y vísceras). Aproximadamente el 25% debe estar lleno de carbohidratos complejos. El 25% restante debe provenir de frutas y verduras, particularmente alimentos como calabaza, manzanas, plátanos y judías verdes (también conocidas como ejotes o habichuelas en algunas regiones). Estos proporcionan sabores adicionales que tu Chihuahua probablemente amará, mientras hacen que el pequeño cachorro se sienta lleno más rápido, reduciendo así la sobrealimentación.

Comida para cachorros vs. comida para personas

Es cierto que un cachorro necesita más calorías que un adulto, y con su pequeño tamaño, un cachorro de Chihuahua no necesita tanto como tú podrías pensar para satisfacer las necesidades calóricas de sus niveles de energía. Si estás trayendo un cachorro de Chihuahua a tu hogar y sabes que no tendrá tiempo para cocinar, debes obtener alimentos diseñados para cachorros. Esto asegurará que tu cachorro obtenga las calorías necesarias para el crecimiento. No alimentes al cachorro con comida para personas bajo la creencia de que puedes cambiar a comi-

Foto cortesía de
Elisha Jade Swanson

da para perros más tarde, porque eso va a ser prácticamente imposible de hacer. Una vez que tu Chihuahua se convierte en adulto, es casi imposible convencer a tu canino de que esos pellets poco apetitosos son comida, particularmente cuando tu perro sabe a qué sabe la comida en su plato. No establezcas un precedente que creará problemas significativos para ti más adelante. Si alimentas a tu Chihuahua con comida casera para cachorros, tendrás que seguir preparando comida para tu perro una vez que la etapa de cachorro sea un recuerdo.

Es mejor preparar la comida de tu cachorro si puedes. Realmente no habrá mucha diferencia en la cantidad de comida entre las etapas de cachorro y adulto. Sus pequeños cuerpos tienen necesidades especiales, y los primeros meses son críticos. Si puedes preparar las comidas de tu cachorro (y sabes que puede mantenerlo cuando tu Chihuahua sea adulto), esto será mucho más saludable para tu perro.

Dieta, ejercicio y obesidad

Tu Chihuahua no va a hacer dieta de la manera en que tú puedes elegir hacerla. Esto significa que debes mantener un horario regular de alimentación para tu perro; su día se basará en gran medida en los momentos del día que están designados para comer. Si los premios y bocadillos son algo que establece como normal desde el principio, tu perro creerá que también son parte de la rutina y los esperará. Obviamente, esto puede ser un hábito terrible para establecer con tu Chihuahua, especialmente si es comida que estás compartiendo porque tú estás comiendo

Ejemplo Obeso

y te sientes culpable. Deberás asegurarte de estar activo después de los bocadillos para que tu Chihuahua no obtenga demasiadas calorías. Una ronda extra de juego u otro paseo puede ayudar mucho a mantener a tu Chihuahua en un peso saludable.

Debe haber un equilibrio saludable entre dieta y ejercicio para evitar que tu Chihuahua tenga sobrepeso, y ciertamente para evitar que tu perro se vuelva obeso. El ejercicio es absolutamente necesario. Mientras ayudas a tu Chihuahua a desarrollar hábitos alimenticios y de ejercicio saludables, probablemente te estás ayudando a ti mismo. Estar más consciente de la dieta y los niveles de ejercicio de tu perro probablemente lo hará más consciente de los suyos propios. La obesidad es algo que deberás evitar activamente con un perro pequeño. Acostúmbrate a ejercitarse y jugar como un sistema de recompensa.

Advertencia sobre la sobrealimentación y el requerimiento calórico adecuado

"Sé moderado con los premios o pueden volverse obesos fácilmente. Los premios saludables pueden ser zanahorias, plátanos, manzanas o golosinas como palitos de carne, patas de pollo o tráquea".

Kathy Golden
Kactus Kathy's Chihuahuas

Debes tener cuidado con el peso de tu Chihuahua, por lo que debes acostumbrarte a monitorearlo, particularmente una vez que es adulto. Esos bocadillos que compartes no son saludables, y tu perro aumentará de peso mucho más rápido que tú comiendo los mismos alimentos con menos ejercicio. Esto no es realmente una recompensa para tu Chihuahua, es un peligro. Mantén a tu perro con una dieta saludable en lugar de consentir al pequeño. Esto los mantendrá a ambos mucho más felices a largo plazo.

Pesar a tu Chihuahua será muy útil para asegurar que el perrito se mantenga en un peso saludable. Debido a que es realmente de tamaño miniatura, puedes usar tus propias básculas para pesarlo. Levanta suavemente a tu canino y súbete a la báscula. Resta tu peso del total, y eso es lo que pesa tu Chihuahua. Sé honesto acerca de tu peso. Eso significa pesarse justo antes de pesar a tu Chihuahua y ser preciso con el número. Contar calorías lleva tiempo, pero también debes saber aproximadamente cuántas calorías come tu Chihuahua en un día porque realmente no se necesita mucho para satisfacer las necesidades de un perro tan pequeño.

CAPÍTULO 15.
Acicalamiento – Un vínculo productivo

Los Chihuahuas son perros increíblemente saludables siempre y cuando tengas en cuenta sus limitaciones. El tamaño de tu cachorro también hace que sea extremadamente fácil acicalarlo, aunque hay algunas cosas que debes tener en mente mientras cuidas de la apariencia de tu cachorro. Sin embargo, hay un área que requerirá atención regular, y esa es su dentadura. Necesitarás cuidar los dientes del cachorro todos los días. Conviértelo en parte de tu rutina diaria de acicalamiento, y no tendrás que preocuparte demasiado por el exceso de pelo o el mal aliento.

Los Chihuahuas de pelo largo son menos propensos a infecciones de oído que la mayoría de los perros pequeños. Esto ciertamente es una agradable sorpresa para muchas personas. Siempre que tomes las precauciones necesarias que tomaría con cualquier otra raza en lo que respecta al agua cerca de sus orejas, tu cachorro debería estar bien.

Foto cortesía de Tasha Snitch

Manejo del pelaje de tu Chihuahua

El cepillado semanal, o incluso diario, es la manera perfecta de establecer un vínculo con tu cachorro y mantener la relación fuerte hasta los años dorados de tu mascota. La atención regular será algo que tu perro esperará con ansias como parte de la rutina. También será una buena manera de aliviar el estrés, ya que acariciar a un perro es una forma sencilla de ayudarlo a calmarse. Ese cuerpecito será increíblemente fácil de cepillar todos los días – probablemente no te tomará ni 10 minutos. Esto lo convierte en una tarea rápida y sencilla que todos pueden disfrutar.

Cachorro

Como puedes imaginar, cepillar a un cachorro te tomará más tiempo. Habrá muchos movimientos e intentos de juego. Tratar de explicarle a tu cachorro que el cepillo no es un juguete claramente no va a funcionar, así que prepárate para ser paciente durante cada sesión de cepillado. Por otro lado, tu cachorro es tan adorable que probablemente no te importará que tome un poco más de tiempo.

Puedes planear cepillar a tu cachorro después de un ejercicio vigoroso para que tu Chihuahua tenga mucha menos energía para pelear o jugar. Ten cuidado de no fomentar comportamientos revoltosos durante el cepillado porque esto se convertirá en parte de la rutina, y tu Chihuahua pensará que el cepillo es para jugar, y será difícil convencerlo de que no es así cuanto más tiempo pase. Quizás no te importe al principio, pero habrá momentos en los que simplemente querrás terminar de cepillar a tu perro rápidamente, y es por eso que debes asegurarte de que tu cachorro no pienses que es hora de jugar.

A medida que te acostumbres a cepillar a tu cachorro, acostúmbrate también a revisar su piel. Busca erupciones, llagas o infecciones. También debes revisar sus orejas, ojos y boca mientras lo acicalas. Continúa con estas actividades incluso después de que tu Chihuahua sea adulto. Como los Chihuahuas tienen cuerpos tan pequeños, no te llevará mucho tiempo, y te ayudará a detectar posibles problemas lo antes posible.

Edad adulta

Los enredos no son algo de lo que debas preocuparte con los Chihuahuas, pero sí debes tener cuidado con su piel. El cepillado probablemente no tomará demasiado tiempo y no te importará convertirlo en una actividad casi diaria.

Los baños también deben ser una parte regular del programa, aunque variará según la época del año. Otra cosa que necesitas limpiar regularmente son las arrugas de la cara. Estas pueden atrapar suciedad, convirtiéndolas en áreas potencialmente peligrosas que pueden infectarse. Esta es una actividad realmente rápida, pero debes tener cuidado. Usa un paño ligeramente húmedo para no mojar los pliegues de las arrugas. Por supuesto, puede que no pienses que tu Chihuahua tiene la cara sucia, pero es importante mantener los pliegues limpios.

Corte de uñas

Debido a que los Chihuahuas tienen patas tan pequeñas, debes tener mucho cuidado al cortar las uñas. Si te sientes incómodo haciéndolo, quizás quieras que un profesional corte las uñas de tu Chihuahua. Siempre puedes estudiar cómo se hace y aprender a hacerlo tú mismo con el tiempo. Sin embargo, mientras sea todavía un cachorro, tu Chihuahua puede estar demasiado excitado como para que tú hagas el corte.

Las uñas del cachorro deben cortarse aproximadamente una vez por semana, ya que tu Chihuahua probablemente estará sobre concreto y asfalto con menos frecuencia que un perro más grande. Sin estas superficies duras que ayudan a mantener las uñas limadas, se requerirá un acicalamiento regular para evitar que las uñas sean demasiado largas.

Una vez que tu perro sea adulto, revisa las uñas mensualmente. Como lo estarás paseando con más frecuencia en aceras u otro tipo de superficies que ayudarán a mantener sus uñas más cortas, el acicalamiento puede hacerse con menos frecuencia. Es posible que no necesites cortarlas durante meses si tu Chihuahua camina lo suficiente sobre concreto o asfalto para mantener sus uñas cortas. Sin embargo, si no camina tanto sobre estas superficies en invierno, deberás aumentar la frecuencia con la que cortas las uñas.

Cepillado de dientes

"Las Chihuahuas notoriamente tienen mala dentadura, acumulación de sarro, recesión de encías y dientes faltantes con infección bucal. Es de vital importancia que los dientes se cepillen regularmente comenzando tan pronto como lleves a tu cachorro a casa".

Barbara Pendergrass
Rafina Chihuahuas

Los Chihuahuas tienen dientes y encías notoriamente malos. Vas a necesitar planificar el cuidado de esas pequeñas agujas en la boca de tu Chihuahua desde el primer día, aunque eso signifique acercar tus manos.

El cepillado diario de los dientes puede hacerse antes o después de cepillar el pelaje de tu cachorro. Es la manera perfecta de establecer un vínculo con tu cachorro y mantener la relación fuerte hasta los años dorados de tu Chihuahua. La atención regular será algo que tu perro esperará con ansias como parte de la rutina.

En caso de que pienses que podría estar bien dejarlo pasar, aquí hay un par de advertencias de criadores.

"Tienden a perder sus dientes... planifica obtener cuidado dental del veterinario aproximadamente cada 3 o 4 años". - Stephanie Lucas de Lucas Chihuahuas

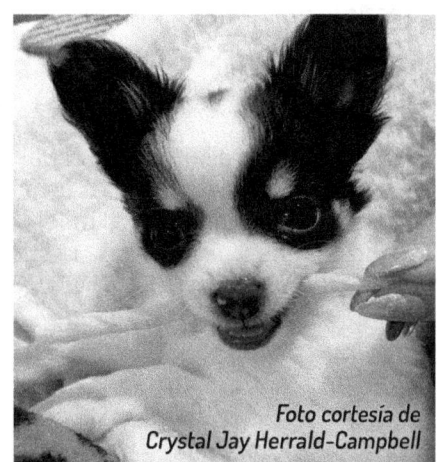

Foto cortesía de Crystal Jay Herrald-Campbell

"Los Chihuahuas notoriamente tienen mala dentadura, acumulación de sarro, recesión de encías y dientes faltantes con infección bucal. Es de vital importancia que los dientes se cepillen regularmente comenzando tan pronto como lleves a tu cachorro a casa. Recomiendo cepillar un mínimo de 3 veces por semana... el cepillado se va a hacer para acostumbrarlo al proceso más que con el objetivo de limpiar". - Barbara Pendergrass de Rafina Chihuahuas

Dado que los Chihuahuas pueden vivir hasta dos décadas, tú querrás mantener sus dientes lo más limpios posible. Si no deseas cepillar sus dientes regularmente, puedes hacer que le limpien los dientes a tu Chihuahua una vez al año por varios cientos de dólares.

Si optas por cepillar los dientes de tu cachorro, ya sabes que tu Chihuahua estará encima de ti la mayor parte del tiempo de todos modos. Este contacto cercano constante te dará una buena idea de cuándo cepillar sus dientes – si no puedes soportar el olor que emana de la boca de tu perro, detén lo que estás haciendo y cepilla esos dientes. El cepillado regular mantiene los dientes del perro limpios y saludables. Si notas que la placa y el sarro se acumulan rápidamente, o que el aliento de tu perro huele mal más rápido, puedes aumentar la frecuencia con la que realizas el ritual de cepillado.

Limpieza de orejas y ojos

Revisa las orejas de tu perro para detectar acumulación de cera, infección u otros problemas potenciales. Esto es algo que debe hacerse para la mayoría de las razas dependiendo de la frecuencia con que los bañes. Si le entra agua en las orejas a tu Chihuahua, puede causar una infección, por lo que es importante vigilarlo.

Los Chihuahuas no tienden a tener muchos problemas con sus ojos, a pesar de que los ojos ocupan un gran porcentaje de su cara. Aún así, debes asegurarte de que tu Chihuahua no se ensucie los ojos después de una aventura al aire libre. Si parece que ha entrado suciedad en el ojo o los ojos de tu perro, puedes usar un lavado ocular aprobado por tu veterinario. Por lo general, si el pelaje de tu perro está cubierto de suciedad, entonces debes verificar que la suciedad y el barro no hayan entrado en los ojos de tu cachorro.

CAPÍTULO 16.
Cuidados Básicos de Salud

Los Chihuahuas pueden ser excelentes compañeros con la socialización adecuada. Ese será tu enfoque principal, ya que son una raza pequeña bastante saludable. Recuerda, esto no significa que sean robustas. Siempre y cuando seas cuidadoso y atiendas bien a tu pequeño compañero, tendrás entre 15 y 20 años para disfrutar de tu exuberante amigo.

Hay algunas medidas preventivas básicas que debes tomar para asegurarte de que tu cachorro se mantenga saludable. Muchos de los tratamientos y preocupaciones son universales en todo el mundo canino, lo que significa que es muy probable que ya sepas que necesitas cuidar de tu perro pequeño. Puedes considerar este capítulo más como un recordatorio o una lista de verificación de cosas que probablemente ya sabes que debes tener en cuenta. Tratar y mantener a tu cachorro libre de parásitos debería ser algo que añadas a tu presupuesto una vez que tengan la edad suficiente para los tratamientos.

Pulgas y Garrapatas

Dado que los Chihuahuas no requieren mucho tiempo al aire libre, tienen un menor riesgo de contraer garrapatas. Las pulgas son algo que deberás vigilar ya que también viven en los patios. Tu pequeño Chihuahua estará afuera parte del tiempo, lo que significa que aún debes monitorearlo. Si a tu Chihuahua le encanta deambular por la hierba alta, no puedes permitirte ningún lapso en el tratamiento, incluso en invierno.

Con cada baño que le des a tu Chihuahua, dedica tiempo a revisar si tiene garrapatas y pulgas como parte del proceso de limpieza. Peina el pelaje y revisa la piel en busca de irritación y parásitos. Esto ayudará a mantener a tu cachorro más saludable y sintiéndose mucho mejor. Como lo harás con frecuencia, deberías poder saber cuándo un bulto es un problema. Dado que tu perro estará muy feliz de pasar tiempo contigo, no debería llevarte tanto tiempo como piensas – no debería suceder que tengs que pasar mucho tiempo luchando para que tu Chihuahua se quede quieto para una revisión de garrapatas.

Las pulgas serán más problemáticas porque son mucho más móviles. La mejor manera de buscar pulgas es hacerlo parte regular de sus sesiones de cepillado. También puedes buscar indicadores de comportamiento, como rascado y lamido incesantes. Con las revisiones regulares de la piel de tu cachorro al cepillar su pelo, podrás verificar los lugares donde tu perro se está rascando para ver si la piel está irritada o si es obra de una pulga. Dada la pequeña estatura de tu compañero, las pulgas no tendrán problemas para saltar sobre tu Chihuahua desde el césped u otra vegetación. Esto significa que necesitarás usar productos preventivos contra pulgas de manera regular. No podrás hacer esto con cachorros menores de cierta edad, pero una vez que maduren, puedes comenzar a agregar el costo del tratamiento al presupuesto y al calendario.

Si deseas utilizar productos naturales en lugar de los productos llenos de químicos, reserva algunas horas para investigar las alternativas y descubrir qué funciona mejor para tu Chihuahua. No aumentes el número de baños porque su piel es sensible y no debe lavarse con demasiada frecuencia, por lo que eso no debería ser parte de la solución. Verifica que cualquier compra de productos naturales funcione antes de adquirirlos.

Los remedios deben aplicarse mensualmente. Establecer un horario regular y agregarlo al calendario te ayudará a recordar tratar a tu perro según lo programado.

Lombrices y Parásitos

Aunque las lombrices y otros tipos de parásitos son un problema menos común que las pulgas y las garrapatas, pueden ser mucho más peligrosos. Hay varios tipos de lombrices de las que debes estar consciente:

- Gusanos del corazón (Heartworms)
- Anquilostomas (Hookworms)
- Lombrices intestinales (Roundworms)
- Tenias (Tapeworms)
- Tricocéfalos (Whipworms)

Uno de los problemas principales es que no hay un conjunto de síntomas fácilmente reconocibles que ayuden a identificar cuándo tu perro tiene un problema con lombrices. Sin embargo, puedes estar atento a estos síntomas, y si tu perro los muestra, debes programar una visita al veterinario.

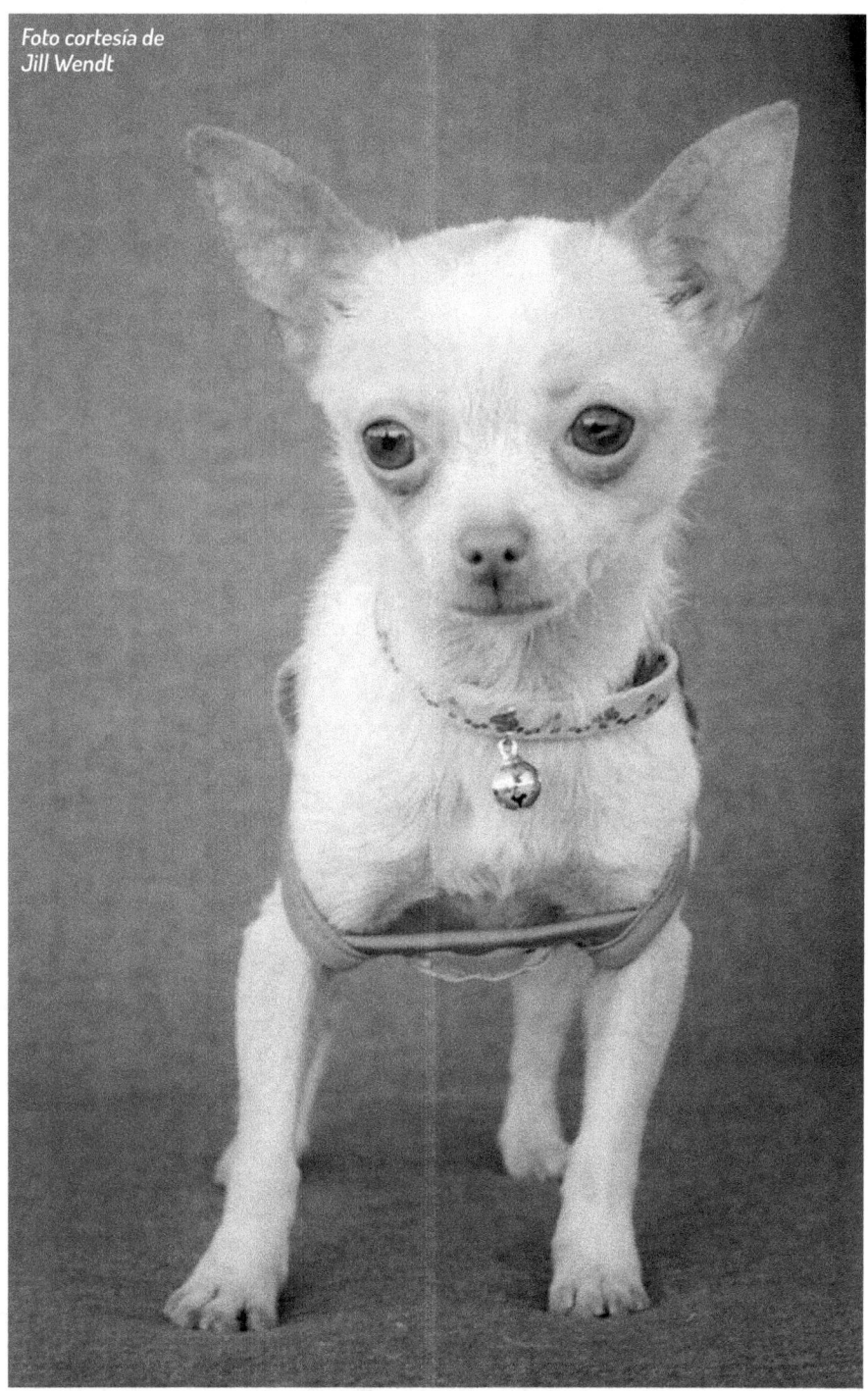

Foto cortesía de
Jill Wendt

- Si tu Chihuahua está inesperadamente letárgico durante al menos unos días.

- Si parches de pelo comienzan a caerse (esto será notable si cepillas a tu Chihuahua regularmente) o si notas espacios irregulares en el pelaje de tu perro.

- Si el estómago de tu perro se distiende (se expande), programa una cita inmediatamente para que lo revisen. El estómago de tu perro se verá como una barriga prominente.

- Si tu Chihuahua comienza a toser, vomitar, tiene diarrea o pierde el apetito.

Estos síntomas deberían ser más obvios en un Chihuahua porque tienden a estar activos o contigo todo el tiempo. Si no estás seguro, es mejor acudir al veterinario lo antes posible para verificar si hay problemas.

Si tu perro tiene anquilostomas o lombrices intestinales, también necesitarás visitar a un médico para que te revisen a ti también. Estas lombrices pueden transmitirse de tu perro a ti a través del contacto con la piel. Si tu perro las tiene, tú corres el riesgo de contraerlas. Recibir tratamiento al mismo tiempo puede ayudar a detener el círculo vicioso de intercambiar continuamente cuál de ustedes tiene lombrices.

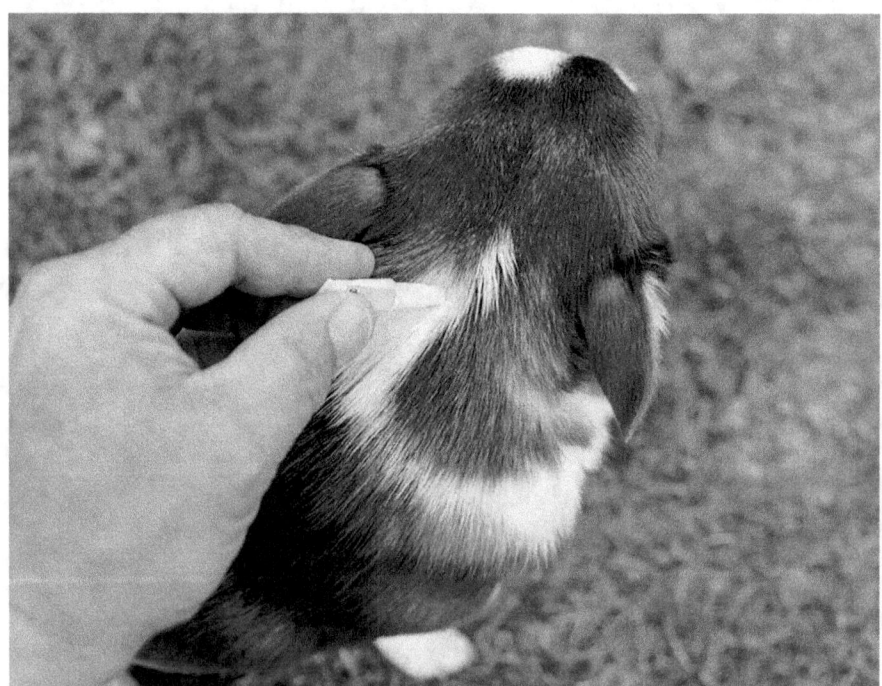

Los gusanos del corazón son una amenaza significativa para la salud de tu perro, ya que pueden ser mortales. Debes tratar activamente a tu perro para asegurarte de que este parásito no tenga un hogar en él. Existen medicamentos que pueden garantizar que tu Chihuahua no contraiga o tenga gusanos del corazón.

Beneficios de los Veterinarios

Tu perro debe tener visitas regulares a su veterinario, al igual que tú tienes chequeos regulares para ti mismo. Desde vacunas regulares hasta chequeos de salud, los veterinarios se asegurarán de que tu Chihuahua se mantenga saludable. Con una serie de problemas potenciales, quieres asegurarte de que tu Chihuahua no tenga ninguno de los muchos problemas posibles.

Dado que los Chihuahuas son compañeros tan entusiastas, será obvio cuando no estén actuando con normalidad. Las visitas anuales al veterinario garantizarán que no haya un problema que esté drenando lentamente la energía o la salud de tu perro.

Los chequeos de salud también aseguran que tu Chihuahua esté envejeciendo bien. Si hay algún síntoma temprano de algo potencialmente incorrecto con tu perro a lo largo de los años (como artritis), podrás comenzar a hacer ajustes. El veterinario puede ayudarte a encontrar formas de manejar el dolor y los problemas que vienen con el proceso de envejecimiento. Tu veterinario podrá recomendar ajustes en el horario para adaptarse al cuerpo envejecido y las capacidades disminuidas de tu canino. Esto asegurará que puedan seguir divirtiéndose juntos sin lastimar a tu perro. Estos cambios valen la pena al final porque podrá seguir disfrutando del tiempo contigo sin sufrir dolor adicional.

Alternativas Holísticas

Querer mantener a un perro alejado de mucha exposición a tratamientos químicos tiene sentido, y hay muchas buenas razones por las que las personas están cambiando a métodos más holísticos. Sin embargo, hacer esto requiere mucha más investigación y monitoreo para asegurar que los métodos estén funcionando – y lo que es más importante, que no dañen a tu perro. Las medicinas holísticas no verificadas pueden ser un desperdicio de dinero o, peor aún, pueden incluso ser perjudiciales para tu mascota. Otros métodos a menudo se han utilizado durante mucho más tiempo, por lo que hay más datos para garantizar que no

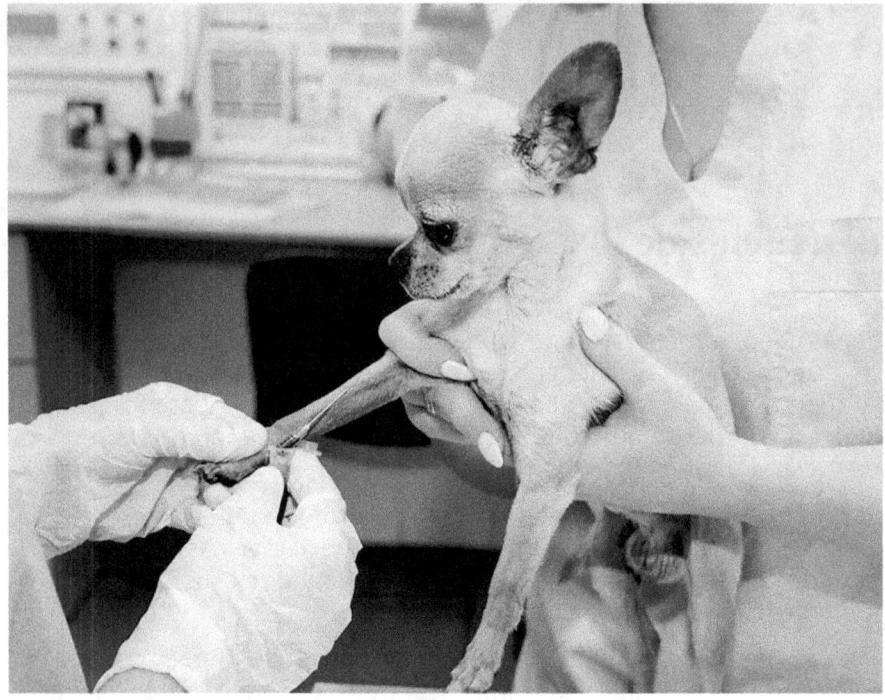

estén haciendo más daño que bien. Sin embargo, los métodos naturales que funcionan siempre son preferibles a cualquier solución química.

Si decides optar por medicamentos holísticos, habla con tu veterinario sobre tus opciones. También puedes buscar expertos en Chihuahuas para ver qué recomiendan antes de comenzar a usar cualquier método que te interese probar. Lee lo que los científicos han dicho sobre la medicina. Existe la posibilidad de que los productos que compras en una tienda sean realmente mejores que algunos medicamentos holísticos.

Asegúrate de ser minucioso en tu investigación y de no correr riesgos innecesarios con la salud de tu Chihuahua.

Vacunación de tu Chihuahua

Los calendarios de vacunación son casi universales para todas las razas de perros, incluidos los Chihuahuas. Utiliza lo siguiente para asegurarte de que tu Chihuahua reciba las vacunas necesarias a tiempo.

- Las primeras vacunas se requieren entre las 6 y 8 semanas después del nacimiento de tu Chihuahua. Debes averiguar con el criador si estas vacunas han sido administradas y obtener los registros de las mismas:

- Coronavirus
- Moquillo (Distemper)
- Hepatitis
- Leptospirosis
- Parainfluenza
- Parvo

- Estas mismas vacunas se requieren nuevamente entre las 10 y 12 semanas de edad, y entre las 14 y 15 semanas de edad, así como su primera vacuna contra la rabia.

- Tu perro necesitará recibir estas vacunas anualmente después de eso. También necesitará vacunas anuales contra la rabia.

Una vez que comiences con las vacunas, debes darlas hasta el final. Asegúrate de obtener el calendario para el mantenimiento de estas vacunas. Luego deberás mantener estas vacunas a lo largo de los años, particularmente vacunas como la de la rabia.

CAPÍTULO 17.
Problemas de salud

Foto cortesía de Emma Robertson

En general, los Chihuahuas son perros increíblemente saludables, especialmente considerando su tamaño. Sin embargo, ese mismo tamaño los hace mucho más vulnerables a lesiones accidentales. Además, los cachorros provenientes de criaderos masivos y criadores poco responsables tienen muchas más probabilidades de presentar problemas de salud graves. Esta es una razón fundamental para investigar bien a los criadores antes de adquirir un cachorro.

Todas las razas puras tienen problemas conocidos, y los perros en general presentan algunas afecciones bastante predecibles en todas las razas. Dolencias como la displasia de cadera son comunes en la mayoría de las razas, por lo que deberás estar atento a más que solo los problemas típicos que la mayoría de los Chihuahuas pueden tener o desarrollar con el tiempo.

Un perro con algunos problemas de salud serios

La mayoría de los Chihuahuas son increíblemente saludables y vivirán entre 15 y 20 años. Esto no significa que la raza no tenga potencial para desarrollar enfermedades muy graves. Deberás vigilar a tu Chihuahua y ser mucho más diligente para asegurar que reciba la alimentación adecuada que con otras razas. Sobrealimentar, mimar y ser demasiado brusco son acciones muy fáciles de cometer con un Chihuahua. La razón por la que tú y tu familia deben ser muy cuidadosos es porque no se necesitan muchas repeticiones para crear un hábito. Y los malos hábitos con tu Chihuahua podrían ser perjudiciales para la salud de tu perro.

Problemas de salud típicos de las razas puras

Los Chihuahuas son algo impredecibles en cuanto a problemas de salud. Existe una lista bastante larga de problemas potenciales, pero la mayoría de los Chihuahuas tienden a ser saludables. Esto significa que hay bajo riesgo, pero no significa que no exista ningún riesgo. Observa cuidadosamente a tu Chihuahua a lo largo de los años para que puedas detectar cualquier problema potencial. Los siguientes son los problemas de mayor preocupación:

- *Enfermedad del corazón* – la mejor manera de proteger a tu Chihuahua de problemas cardíacos es asegurarte de no permitir que tu perro se vuelva obeso. El pequeño cuerpo de tu perro no puede soportar mucho peso, y la tensión que esto ejerce sobre el corazón es mucho más de lo que este órgano puede manejar durante períodos prolongados.

- *Distrofia corneal* – A medida que los Chihuahuas envejecen, puede formarse una película transparente sobre sus párpados. Algunos perros no lo notarán, mientras que otros pueden verse gravemente afectados por esta película. Es un problema sobre el cual deberás consultar a tu veterinario para encontrar la mejor solución para tratarlo.

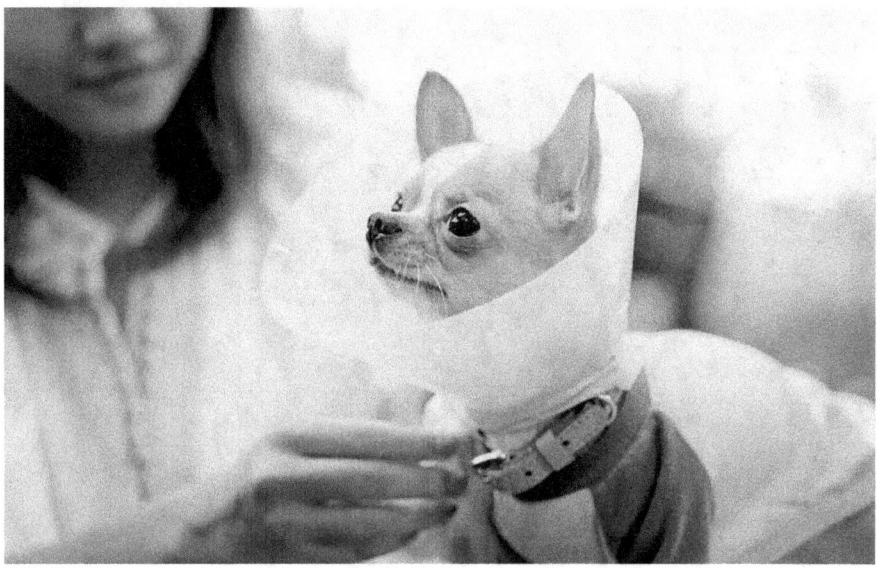

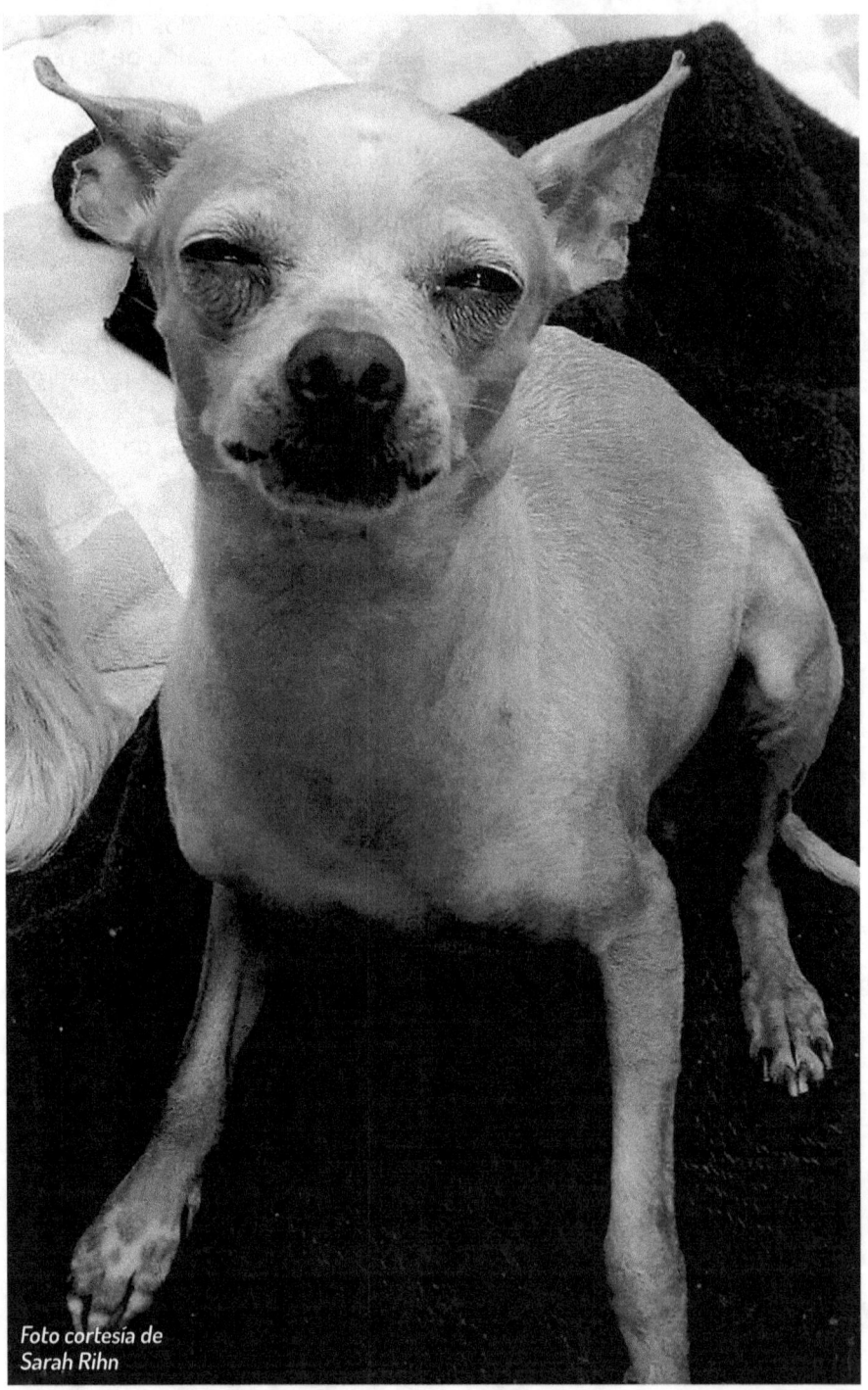

Foto cortesía de
Sarah Rihn

- *Hidrocefalia* – Este es un problema donde se acumula líquido alrededor del cerebro. Estate atento a signos de letargo y falta de coordinación como síntomas tempranos. Las convulsiones pueden ser un síntoma más grave, y tu Chihuahua debe ser llevado inmediatamente al veterinario. Presta especial atención a este problema si tu Chihuahua tiene una cabeza particularmente pequeña. Es posible que tu Chihuahua tenga esta condición con un impacto mínimo en su vida. Sin embargo, también puede ser fatal, por lo que siempre debes estar alerta.

- *Colapso traqueal* – Los Chihuahuas son propensos a tener este problema debido a la debilidad de sus cuellos. Si tú y tu familia son siempre suaves y cuidadosos al poner la correa a su Chihuahua, es poco probable que esto llegue a ser un problema. Esta es una de las razones más importantes por las que no puedes ser brusco con tu Chihuahua. La presión adicional al tirar de ellos puede causar daños a largo plazo. Asegúrate también de que el collar no esté demasiado apretado. Consulta a tu veterinario sobre posibles suplementos para fortalecer sus cuellos. Si notas que tu Chihuahua tiene dificultad para respirar, especialmente después de haber estado muy activo, lleva a tu cachorro al veterinario para que lo examinen por este problema.

Dónde puedes equivocarte

Además de los problemas genéticos, hay cosas que tú puede hacer que podrían dañar la salud de tu perro. Estas están relacionadas con la dieta y los niveles de ejercicio del perro. Si sigues las recomendaciones del Capítulo 16, tu perro se mantendrá saludable por más tiempo.

Importancia del criador para garantizar la salud de tu Chihuahua

Estar al tanto de la salud de los padres y las enfermedades que se sabe que son un problema para ellos o sus progenitores te ayudará a saber qué debes monitorear en tu Chihuahua.

Cualquier criador que no proporcione una garantía de salud para una raza tan establecida como el Chihuahua no es un criador que debas considerar. Evita a todos estos criadores – están interesados en el dinero, y la salud del perro les preocupa poco o nada. Si un criador dice que un cachorro o una camada debe mantenerse en un lugar aislado por razones de salud, no trabajes con ese criador.

Foto cortesía de
Carrie-Anne Selwyn

Pídele al criador que hable sobre la historia de los padres, los tipos de problemas de salud que han existido en la familia del perro, y si el criador ha tenido problemas con alguna enfermedad particular en el pasado. Si el criador te da respuestas cortas o vagas, esto es una señal de que tiene perros que son más propensos a tener problemas más adelante.

Enfermedades y condiciones comunes

Los Chihuahuas tienen problemas con partes específicas de sus cuerpos. Estos no son los principales problemas de salud mencionados anteriormente, pero dejar que estos problemas persistan puede resultar en complicaciones graves más adelante, además de degradar la calidad de vida de tu Chihuahua. Las siguientes son las áreas donde necesita monitorearlo:

- Higiene dental
- Displasia de cadera, hombro y rodilla
- Infecciones del tracto urinario

Prevención y monitoreo

Más allá de los problemas genéticos (algo sobre lo que deberías informarte acerca de los padres antes de adquirir a tu cachorro), el problema que debe preocuparte es el peso. Los capítulos anteriores proporcionan información sobre la dieta y el ejercicio adecuados para tu Chihuahua. Abstenerse de darle a tu Chihuahua alimentos elaborados con granos y mantener su ingesta calórica diaria dentro de un rango saludable son esenciales dado el tamaño del perro. Considerando el hecho de que comerán cualquier cosa que les des, el peso de tu perro siempre será una preocupación si no eres cuidadoso. Tu veterinario probablemente hablará contigo si tu perro tiene demasiado peso en su cuerpo, porque esto no solo ejerce presión sobre las patas, articulaciones y músculos, sino que también puede tener efectos adversos en el corazón, el flujo sanguíneo y el sistema respiratorio de tu perro.

CAPÍTULO 18.
Tu Chihuahua en la Vejez

El Chihuahua tiene una expectativa de vida de entre 15 y 20 años. Es propenso a algunos problemas en la última etapa de su vida, como diversos tipos de displasia, lo que significará realizar cambios importantes en tu vida cuando tu perro alcance la edad dorada. Tú necesitarás comenzar a hacer ajustes para adaptarte a tus capacidades reducidas. Un perro puede mantenerse saludable durante toda su vida, pero su cuerpo simplemente no podrá realizar las mismas actividades a los 12 años que a los 2. Los cambios que necesitas implementar se basarán en las necesidades específicas de tu Chihuahua. El deterioro tiende a ser gradual, pequeños detalles aquí y allá, como que tu Chihuahua tenga menos tracción en superficies lisas. Con el tiempo, el cuerpo comenzará a deteriorarse de manera que tu perro no podrá saltar tan alto. Una de las mejores formas de combatir esto es tener escalones y otros medios para ayudar a tu Chihuahua a subir a los muebles desde que son cachorros. Esto reduce la cantidad de fuerza en sus extremidades al saltar, además de facilitarle el acceso hasta ti.

A medida que la energía y las habilidades de tu Chihuahua disminuyen, debes asegurarte de que no te excedas. Siempre debes asegurarte de que tu perro no haga demasiado ejercicio, pero esto es aún más importante para un perro mayor. Los Chihuahuas pueden estar tan concentrados en divertirse que no se dan cuenta de que se están lastimando hasta que comienzan a descansar. Estos años posteriores serán igual de divertidos; solo necesitarás asegurarte de que tu Chihuahua no esté forzando sus nuevas limitaciones. Es fácil hacer que los años de vejez sean increíblemente agradables para tu Chihuahua y para ti, realizando los ajustes necesarios que permitan a tu perro mantenerse activo sin excederse.

Cuidado del Perro Senior

Por lo general, es más fácil cuidar a un perro mayor que a uno joven, y el Chihuahua no es una excepción. Las siestas son tan emocionantes como los paseos. Dormir junto a ti mientras ves televisión o incluso si tomas una siesta con tu perro es prácticamente todo lo que se necesita para hacer feliz a tu Chihuahua (aunque probablemente esto también era cierto cuando era joven).

Sin embargo, debes seguir estando atento con la dieta y el ejercicio. Ahora no es el momento de permitir que tu Chihuahua comience a comer cualquier cosa o descuide sus paseos regulares. Un Chihuahua mayor no puede manejar el exceso de peso, por lo que debes tener cuidado y asegurarte de que se mantenga saludable con la edad.

Si tu can no puede manejar caminatas largas, haz los paseos más cortos y más numerosos, y pasa más tiempo jugando en tu jardín o en casa.

Cuando se trata de elementos a los que tu Chihuahua necesitará acceder regularmente, debes hacer algunos cambios en tu configuración actual.

- Coloca recipientes de agua en varios lugares diferentes para que pueda alcanzarlos fácilmente cuando sea necesario. Si tu Chihuahua muestra signos de tener problemas para beber o comer, puedes colocar recipientes de agua por toda la casa para facilitarle la hidratación.

- Cubre las superficies duras del suelo (como baldosas, madera y vinilo). Utiliza alfombras o tapetes que no se deslicen bajo tu Chihuahua.

- Añade cojines y ropa de cama más suave para tu Chihuahua. Esto hará que la superficie sea más cómoda y ayudará a que tu Chihuahua se mantenga más caliente. Existen algunos calentadores de cama para perros si muestra a menudo articulaciones o músculos adoloridos. Por supuesto, también debes asegurarte de que no esté demasiado caliente, por lo que puede ser un delicado acto de equilibrio.

- Aumenta la frecuencia con la que cepillas a tu Chihuahua para mejorar su circulación. Esto debería ser muy agradable para él, como una forma de compensar otras limitaciones que provoquen que otras actividades se hagan con menos frecuencia.

- Permanece en el interior durante calor o frío extremos. Tu Chihuahua es resistente, pero el cuerpo canino envejecido no puede manejar los cambios extremos tan bien como antes.

- Utiliza escaleras o rampas para tu Chihuahua en lugar de levantarlo constantemente. Levantar a tu Chihuahua puede ser más conveniente para ti, pero no es saludable ni para ti ni para tu perro. Permite que tu perro mantenga un poco más de autosuficiencia.

- Evita cambiar la disposición de tus muebles, particularmente si tu Chihuahua muestra signos de tener problemas con su vista. Un hogar familiar es más reconfortante y menos estresante a medida que tu mascota envejece. Si su Chihuahua no puede ver tan claramente como antes, mantener el hogar familiar le facilitará moverse sin lastimarse.

- Si tienes escaleras, considera establecer un área donde tu perro pueda permanecer sin tener que usarlas con tanta frecuencia.

- Crea un espacio donde tu Chihuahua pueda relajarse con menos distracciones y ruidos. Es probable que tu Chihuahua se sienta aún menos cómodo al quedarse solo durante períodos prolongados, pero debes tener un lugar donde tú y tu perro mayor puedan simplemente relajarse sin ruidos fuertes o sorpresivos. No hagas que tu pequeño amigo se sienta aislado, pero dale un lugar para alejarse de todos si necesita estar solo.

Nutrición

Dado que una disminución en el ejercicio es inevitable para cualquier perro que envejece, deberás ajustar la dieta de tu mascota. Si optas por alimentar a tu Chihuahua con comida comercial para perros, asegúrate de cambiar a la comida para perros mayores. Si preparas la comida de tu Chihuahua, tómate el tiempo para investigar la mejor manera de reducir

las calorías sin sacrificar el sabor. Tu can va a necesitar menos grasa en su comida, por lo que es posible que debas encontrar algo más saludable que aún tenga mucho sabor para complementar los tipos de alimentos que le diste a tu Chihuahua cuando era cachorro o perro adulto activo.

Ejercicio

El ejercicio dependerá completamente de ti porque tu Chihuahua sigue siendo feliz simplemente estando contigo. Si haces menos demandas, disminuyes el número de paseos o cambias la rutina de alguna manera, tu Chihuahua se adaptará rápidamente al nuevo programa. Depende de ti ajustar el horario y mantenerlo felizmente activo. Por lo general, aumentar el número de paseos con duraciones más cortas ayudará a mantener a tu Chihuahua tan activo como sea necesario.

Ten en cuenta que es más probable que tu Chihuahua aumente de peso en los últimos años, algo que su cuerpo realmente no puede manejar. Si bien el ejercicio se reducirá, no debe eliminarse. Mantente en lo que tu perro pueda manejar y ajuste la comida en consecuencia para mantener un peso saludable.

Esta será probablemente la parte más difícil de ver envejecer a tu Chihuahua. Sin embargo, deberás observar a tu Chihuahua en busca de signos de cansancio o dolor para poder detener el ejercicio antes de que tu perro haya hecho demasiado. Tu ritmo deberá ser más lento y tu atención más centrada en su perro, pero en última instancia puede ser igual de emocionante. Probablemente notarás que tu Chihuahua pasa más tiempo olfateando. Esto podría ser una señal de que tu perro se está cansando, o podría ser su manera de reconocer que los paseos largos y constantes son cosa del pasado y se detiene para disfrutar más de las pequeñas cosas. Es un momento interesante y te da la oportunidad de comprender a tu Chihuahua a medida que los años comienzan a notarse. Tu Chihuahua también puede hacerte saber que es hora de volver a casa dando la vuelta para regresar o sentándose mucho y mirándote. Toma la indirecta y vuelve a casa si tu Chihuahua te hace saber que se han alcanzado los límites.

Estimulación Mental

A diferencia del cuerpo, la mente de tu Chihuahua generalmente seguirá siendo igual de aguda e inteligente en los años dorados. Eso significa que puedes comenzar a hacer ajustes para centrarte más en actividades que sean mentalmente estimulantes. Puedes comenzar a hacer entrenamiento por diversión porque tu Chihuahua será tan capaz de aprender ahora como cuando tenía 1 año de edad. En realidad, es probable que sea más fácil porque tu Chihuahua ha aprendido a concentrarse mejor y el vínculo lo hará feliz de tener algo que todavía puede hacer contigo.

Tu Chihuahua agradecerá el cambio de enfoque y la atención adicional. Conseguir juguetes nuevos para tu Chihuahua mayor es una forma de ayudar a mantener activa su mente si no deseas entrenarlo o si simplemente no tienes tiempo. Luego puedes enseñarle diferentes nombres para los juguetes porque será fascinante (después de todo, seguirá trabajando por elogios). Cualquiera que sean los juguetes que consigas, asegúrate de que no sean demasiado duros para la mandíbula y los dientes envejecidos de tu perro. El juego de tirar de la cuerda puede ser cosa del pasado (no querrás dañar los dientes viejos), pero otros juegos siguen siendo muy apreciados.

El escondite es otro juego que tu Chihuahua mayor puede manejar con relativa facilidad. Ya sea que esconda juguetes o a ti mismo, este puede ser un juego que mantenga a tu Chihuahua entretenido.

Exámenes Veterinarios Regulares

Así como los humanos van a visitar al médico con más frecuencia a medida que envejecen, tú deberás llevar a tu perro a ver a su veterinario con mayor frecuencia. El veterinario puede asegurarse de que tu Chihuahua se mantenga activo sin excederse, y que no haya estrés innecesario en tu perro mayor. Si tu can ha sufrido una lesión y te la ha ocultado, es más probable que tu veterinario la detecte.

Tu veterinario también puede hacer recomendaciones sobre actividades y cambios en tu horario basados en las capacidades físicas de tu Chihuahua y cualquier cambio en su personalidad. Por ejemplo, si tu Chihuahua jadea más ahora, podría ser un signo de dolor por rigidez. Esto podría ser difícil de distinguir dado lo mucho que jadean los Chihuahuas por regla general, pero si ves otros signos de dolor, programa una visita con el veterinario. Tu veterinario puede ayudarte a determinar la mejor manera de mantener a tu Chihuahua feliz y activo durante los últimos años.

Dolencias Comunes de la Vejez

Los capítulos 4 y 17 cubren las enfermedades que son comunes o probables en un Chihuahua, pero la vejez tiende a traer una serie de dolencias que no son particulares de ninguna raza. Aquí están las cosas que deberás vigilar (además de hablar con tu veterinario sobre ellas).

- La diabetes es probablemente la mayor preocupación para una raza que ama comer tanto como tu Chihuahua, especialmente porque tiene un cuerpo tan pequeño. Aunque generalmente se considera una condición genética, cualquier Chihuahua puede volverse diabético si no se alimenta y ejercita adecuadamente. Es otra razón por la que es tan importante tener cuidado con la dieta y los niveles de ejercicio de tu Chihuahua.

- La artritis es probablemente la dolencia más común en cualquier raza de perro, y el Chihuahua no es una excepción. Si tu perro muestra signos de rigidez y dolor después de actividades normales, es muy probable que tenga artritis. Habla con tu veterinario sobre formas seguras de ayudar a minimizar el dolor y la incomodidad de esta dolencia articular común.

- La enfermedad de las encías es un problema común en perros mayores, y debe ser tan vigilante con el cepillado de dientes cuando tu perro envejece como lo haces a cualquier otra edad. Un control regular de los dientes y las encías de tu Chihuahua puede ayudar a garantizar que esto no sea un problema.

- La pérdida de visión o ceguera es relativamente común en perros mayores, al igual que en los humanos. Sin embargo, a diferencia de los humanos, los perros no se adaptan bien a usar gafas. Haz revisar la visión de tu perro al menos una vez al año y con más frecuencia si es obvio que su vista está fallando. Esos ojos grandes necesitarán atención adicional.

- La enfermedad renal es un problema común en perros mayores, debes monitorearlo cuanto más envejece tu Chihuahua. Si tu can está bebiendo con más frecuencia y tiene accidentes regularmente, esto podría ser un signo de algo más serio que simplemente el envejecimiento. Si notas que esto sucede, lleva a tu Chihuahua al veterinario lo antes posible y haz que lo examinen para detectar enfermedades renales.

Disfrutando los Últimos Años

Los últimos años de la vida de tu Chihuahua pueden ser tan agradables (si no más) que las etapas anteriores. La energía y las actividades que solían hacer juntos serán reemplazadas por más atención y relajación que en cualquier otro momento. Finalmente tener a tu Chihuahua lo suficientemente tranquilo como para simplemente sentarse quieto y disfrutar de tu compañía puede ser increíblemente agradable (solo recuerda mantener sus niveles de actividad en lugar de volverte demasiado complaciente con el nuevo amor de tu Chihuahua por descansar y relajarse).

Escalones y Rampas

Los Chihuahuas son pequeñas, pero eso no significa que debas levantarlos con más frecuencia a medida que envejecen. Levantar a tu perro con más frecuencia incluso puede causar más daño físico. Hay dos buenas razones para asegurarte de que tu Chihuahua pueda moverse sin que tú lo levantes.

- Tener un cuerpo más viejo implica que son frágiles y no deben ser levantados para evitar dolor innecesario.

- La independencia en el movimiento es lo mejor para tú y tu Chihuahua. No querrás que espere que lo levantes cada vez que quiera subirse a los muebles o al automóvil.

Los escalones y las rampas son la mejor manera de asegurar que tu Chihuahua pueda mantener cierto nivel de autosuficiencia. Además, no querrás malcriarlo en los últimos años. El uso de escalones y rampas proporciona un tipo diferente de actividad que puede funcionar como una forma de obtener un poco de ejercicio adicional.

Disfrute las Ventajas

Un Chihuahua puede ser igual de divertido en la vejez porque su cosa favorita es estar contigo. Tu mascota es tan traviesa como durante los primeros años, pero ha aprendido a relajarse un poco más.

Encontrará los lugares más cálidos y cómodos, y querrá que tú te unas a él. Tu perro es increíblemente devoto y estará feliz de simplemente compartir un corto paseo seguido de una noche tranquila en casa.

Qué Esperar

Es probable que tu Chihuahua no sufra de miedo a que tú estés menos interesado en pasar tiempo juntos. Continuará siendo el travieso amoroso en cada oportunidad – eso no cambia con la edad. Lo que cambia es cuánto pueden hacer. Las limitaciones de tu can deben dictar las interacciones y actividades. Si estás ocupado, asegúrate de programar tiempo con tu Chihuahua para hacer cosas que estén dentro de esas limitaciones. Tu felicidad sigue siendo de suma importancia para tu perro, así que hazle saber al pequeño can que tú sientes lo mismo por su felicidad. Es tan fácil hacer feliz a un Chihuahua mayor como a uno joven, y es más fácil para ti ya que relajarse es más esencial.

www.ingramcontent.com/pod-product-compliance
Lightning Source LLC
Chambersburg PA
CBHW071305130626
46556CB00003B/1471